Horst Hilpert

Die Fehlentscheidungen der Fußballschiedsrichter

Horst Hilpert

Die Fehlentscheidungen der Fußballschiedsrichter

von

Horst Hilpert

Präsident des Landesarbeitgerichts a. D.
Vorsitzender des Kontrollausschusses des DFB
(bis 10/2007)

De Gruyter

Zitiervorschlag: *Hilpert*, Fehlentscheidungen Fußballschiedsrichter, S. 58, Rn. 13.

ISBN 978-3-89949-797-7
e-ISBN 978-3-89949-798-4

Bibliografische Information der Deutschen Nationalbibliothek

Die Deutsche Nationalbibliothek verzeichnet diese Publikation in der Deutschen Nationalbibliografie; detaillierte bibliografische Daten sind im Internet über http://dnb.d-nb.de abrufbar.

Druck und Bindung: Hubert & Co., Göttingen

♾ Gedruckt auf säurefreiem Papier
Printed in Germany

www.degruyter.com

Errare humanum est
– gilt auch im Sport –

Vorwort

Am 10. Oktober 2009 spielte Russland gegen Deutschland: Der Sieger dieses Spiel war für die Weltmeisterschaft 2010 in Südafrika qualifiziert, der Verlierer musste in die Qualifikation mit einem anderen Gruppenzweiten in Europa. Es stand 10 Minuten vor Spielende 1:0 für Deutschland, als Arne Friedrich eine ungeschickte Grätsche im eigenen Strafraum gegen den russischen Stürmer Wladimir Bystrow ausübte. Dieser kam zu Fall, der Ball ist ins Seitenaus gegangen, der Schiedsrichter hat keinen Strafstoß gepfiffen. Was überwiegend als Fehlentscheidung angesehen wurde („ein hundertprozentiger Elfmeter", so die meisten Zuschauer und auch die Medienvertreter), war als Tatsachenentscheidung endgültig.

Russland hatte keinen Einspruch eingelegt. Deshalb war von vornherein an dem Ergebnis nichts zu rütteln. Überdies war es höchst fraglich, ob der Schiedsrichter überhaupt die Regel falsch angewandt hat. Ein Regelexperte erklärte mir, dass der Schiedsrichter den Ball wohl bereits im Seitenaus gesehen hätte, bevor er auf Strafstoß hätte erkennen können. Wenn der Ball zur Zeit des Pfiffs bereits im Aus angekommen sei, sei zwar noch eine persönliche Strafe, nicht aber mehr eine Spielstraße – sprich Strafstoß – zulässig. Außerdem hätte hier ein Protest keine Erfolgschance gehabt, da eine unangreifbare Tatsachenentscheidung des Schiedsrichters zu der Frage „Foul oder Nichtfoul" getroffen worden sei. Schlussendlich glaubt der Autor als Berufsoptimist bei DFB-Spielen, dass der deutsche Torwart René Adler den etwaigen Elfmeter gehalten hätte.

Der Fall zeigt, dass auch die internationalen Spitzenschiedsrichter irren können, sicherlich aber weniger häufig als die Kollegen in den unteren Amateurklassen. Im Rahmen unserer Thematik unterscheiden sich die Spiele der „Hartplatzkicker" noch in einem anderen Punkt von denen der Bundesliga. Bei letzteren nehmen 28 Fernsehkameras das Spiel aus allen Seiten und zu jeder Zeit auf. Ein etwaiger Regelverstoß wäre deshalb per Videoaufnahme mit der gebotenen Sicherheit nachzuweisen. Die Natur des Fußballspiels steht aber diesen Vorgängen grundsätzlich entgegen. Mit Hilfe des „Bermudadreiecks" *Tatsachenentscheidung – Regelverstoß – Fernsehbeweis* ist eine sportgerechte Lösung zu suchen. Überraschend ist, dass bei dem Bemühen darum der Weltfußballverband FIFA und seine Konföderation UEFA bzw. sein Mitglied DFB nicht immer zum gleichen Ergebnis kommen.

Die volle Problematik soll u.a. durch fünf weitere vorangestellte berühmte Spielszenen aus der Fußballwelt aufgezeigt und nach Möglichkeit enträtselt werden:

- das Wembley-Tor (1966)
- die „Hand Gottes" (Maradona 1986)
- das Phantom-Tor von Thomas Helmer (1994)
- das Tor des Balljungen in Brasilien (2006)

Das Rätsel um die Ergebnisse in den Musterfällen wird in den nachfolgenden Teilen gelöst und begründet werden. So viel vorweg: in vier Fällen blieb es bei dem vom Schiedsrichter festgestellten Ergebnis, in einem nicht!

Gleichsam als Aperçu soll diesen vier Fällen noch ein viel berühmterer Fall eines möglichen Regelverstoßes eines Schiedsrichters hinzugefügt werden. Er betrifft den Feldverweis von Zinédine Zidane im Endspiel der WM 2006 eventuell nach telefonischer Information des Schiedsrichters durch den 4. Offiziellen über dessen Tätlichkeit gegen den Italiener Materazzi.

Am 18. November 2009 lenkte Thierry Henry im WM-Qualifikationsspiel Frankreich gegen Irland in der Verlängerung durch zweimaliges Handspiel in der Art eines Basketballers eine Vorlage an einen Mitspieler, der den Ball über die Torlinie zum 1:1 Ausgleich gab und damit die Qualifikation für Südafrika erzielte. Der Schiedsrichter Martin Hansson (Schweden) hatte das Handspiel nicht gesehen. Irland legte bei der FIFA Einspruch ein; die Weltöffentlichkeit war empört über die „Ungerechtigkeit". Als Schlusspunkt soll diese skandalöse Unfairness abgehandelt werden. Das Fehlverhalten von Schiedsrichter Hansson und auch eventuell das auf Seiten der FIFA (?) soll abschließend angesprochen werden, weil sie allem zuvor die Krone aufsetzen.

Dank sei dem Verlag De Gruyter, Berlin, gesagt für die schmucke Ausstattung des Buches und dem Ehepaar Cäcilia und Jörg Kreutzer für die bewährte Erstellung des Manuskripts und dessen Formatierung.

Bexbach (Saar), 15. Januar 2010 *Horst Hilpert*

Inhaltsübersicht

Literaturverzeichnis

(Das Literaturverzeichnis ist in der in der juristischen Literatur üblichen Form ausgestaltet. Fundstellen aus Lehrbüchern, Handbüchern, Kommentaren, Büchern, Zeitschriften u.a. werden in alphabetischer Reihenfolge aufgeführt. Belege aus Medienberichten werden als allgemeinkundige Tatsachen grundsätzlich nicht abgedruckt.)

Buchberger, Markus	Das Verbandsstrafverfahren deutscher Sportverbände – zur Anwendung rechtsstaatlicher Verfahrensgrundsätze, SpuRt 1996, 122ff. und 157ff.
Eilers, Goetz	Tatsachenentscheidung oder Regelverstoß? Das Urteil des DFB-Sportgerichts zur Aufhebung des Spiels zwischen dem FC Bayern München und dem 1. FC Nürnberg, SpuRt 1994, 79ff.
Fritzweiler, Jochen/ Pfister, Bernhard/ Summerer, Thomas	Praxishandbuch Sportrecht, 2. Auflage, 2006, abgekürzt: PHB-Verfasser.
Goetze, Stephan/ Lauterbach, Kathrin	Rechtsfragen der Anwendung des Videobeweises im Fußballsport, SpuRt 2003, 145ff.
Grunsky, Wolfgang	Sportrecht heute – aus zivilrechtlicher und zivilprozessualer Sicht, Schriftenreihe WFV, Heft 43, 136ff.
Haas, Ulrich	Die Überprüfung von Spielentscheiden in der Rechtsprechung des Court of Arbitration for Sport, CaS 2007, 131ff., 134.
derselbe	Die Überprüfung von „Spielentscheiden“ in der Rechtsprechung des Court of Arbitration for Sport (CAS), CaS 2007, 131ff.

Hennes, Wilhelm	Tatsachenfeststellung und Überprüfung durch das Sportgericht, Schriftenreihe WFV, Heft 25.
Hilpert, Horst	Sportrecht und Sportrechtsprechung im In- und Ausland, 2007.
derselbe	Das Fußballstrafrecht des Deutschen Fußball-Bundes (DFB), 2009.
derselbe	Tatsachenentscheidung und Regelverstoß im Fußball – Neuere Entwicklungen und Tendenzen, SpuRt 1999, 49ff.
Kaiser, Martin	Sport- und Spielregeln als materielles Nichtrecht? – Zur Justiziabilität von Sport und Spiel, SpuRt 1/2009, 6ff.
Kauffmann, Hans	Verbandsrechtsprechung im Sport, Schriftenreihe WFV, Heft 24, 6ff.
Koppelhel, Carl	Schiedsrichter im Fußball, 6. Auflage, 1969.
Kummer, Max	Spielregel und Rechtsregel, 1973.
Lenz, Tobias/ Imping, Andreas	Tatsachenentscheidungen: Bindung und Ausnahmen, SpuRt 1994, 225ff.
Monheim, Dirk	Sportlerrechte und Sportgericht im Lichte des Rechtsstaatsprinzips – auf dem Weg zu einem Bundessportgericht, 2006, vgl. Buchbesprechung in SpuRt 2008, 217f.
Mugdan	
Nolte, Martin	Sport und Recht, 2004.
derselbe	Handbuch Sportrecht, 2009.
Pfister, Bernhard	Theorie des Sportrecht, CaS 2009, 103, 104.
derselbe	Meca-Medina, kein Schritt zurück! SpuRt 2007, 58ff.
Radbruch, Gustav	Gesetzliches Unrecht und übergesetzliches Recht, SJZ 1946, 105f.
Reichert, Bernhard	Handbuch des Vereins- und Verbandsrechts, 11. Auflage, 2007.
Roth, Hans/ Walther, Fridolin	Der Fall „FC Sion“ – zur nachträglichen Teilnahme eines Fußballvereins

	an einer laufenden Meisterschaft, SpuRt 2005, 195 ff. und 230 ff.
Scherrer, Urs	Spielregel und Rechtsregel – Bestandsaufnahme und Ausblick, CaS 2/2008, 181 ff.
Schmidt, Eberhard	Die Sache der Justiz, 1961.
Sengle, Alfred	Sportrecht damals und heute, Schriftenreihe WFV, Heft 43.
Steiner, Udo	Quo vadis Sportrecht, CaS 1/2009, 14 ff.
derselbe	Verfassungsrechtliche Bemerkungen zu Bernhard Pfisters Theorie des Sportrechts, CaS 2009, 103 ff.
derselbe	Die Autonomie des Sports, Schriften der Juristischen Studiengesellschaft Regensburg e.V., Heft 36, 2003.
derselbe	Gegenwartsfragen des Sportrechts, Hrsg. Peter J. Tettinger und Klaus Vieweg, 2004.
Tôrres-Jaeger, Ana	Kontrolldichte bei Tatsachenentscheidungen des Schiedsrichters in Brasilien und Deutschland, DBJV-Mitteilungen Nr. 2/2006, S. 3 ff.
Treuer, Dieter	Die Geschichte des Fußballschiedsrichters, Schriftenreihe WFV, Heft 25, 7 ff.
Vieweg, Klaus	Faszination Sportrecht, 2007, S. 46.
Waske, Thomas	Nochmals: Die Angst des DFB-Sportgerichts vor der Tatsachenentscheidung, SpuRt 1994, 189 ff.
Wax, Peter	Einstweiliger Rechtsschutz im Sport, Schriftenreihe WFV, Heft 22, 7 ff.
Weber, Ulrich	Beschränkung von Beweismitteln in sportgerichtlichen Verfahren, Schriftenreihe WFV, Heft 19, 8 ff.
Westermann, Harm Peter	Verbandsautonomie und staatliches Rechtsprechungsmonopol, in: Verbandsrechtsprechung und staatliche Gerichtsbarkeit, Schriftenreihe WFV, Heft 24, 41 ff.

Willmann, Urs	„Der zwölfte Mann“, in: Die Zeit vom 5.6.2003.
Wolf, Manfred	In dubio pro arbitro, Schriftenreihe WFV, Heft 19, 70 ff.
Zorn, Roland	Faszination Fußball. Auf den Spuren eines Phänomens, in: 100 Jahre DFB. Die Geschichte des Deutschen Fußball-Bundes, Berlin 1999, 115 ff.

Abkürzungsverzeichnis

aaO.	am angegebenen Ort
BBL	Basketball Bundesliga GmbH
BG	Bundessportgericht
BGB	Bürgerliches Gesetzbuch
BGH	Bundesgerichtshof
BGHZ	Entscheidungen des BGH in Zivilsachen
BSE	Schweizerische Bundesgerichtsentscheidung
bzw.	beziehungsweise
CAS	Court of Arbitration for Sport (Sportschiedsgerichtshof des IOC)
CaS	Causa Sport (Sport-Zeitschrift)
d. h.	das heißt
DBJV	Deutsch-Brasilianische Juristenvereinigung
DFB	Deutscher Fußball-Bund
DFB-SpO	Spielordnung des Deutschen Fußball-Bundes
DFL	Deutsche Fußball Liga GmbH
DHB	Deutscher Handball-Bund
DHOB	Deutscher Hockey-Bund
DK	Disziplinarkommission
DOSB	Deutscher Olympischer Sportbund
DRiG	Deutsches Richtergesetz
DRuV / DRV	Deutscher Rugby-Verband
e.V.	eingetragener Verein
EM	Europameisterschaft
EnBW	Energie Baden-Württemberg
EuGH	Gerichtshof der Europäischen Gemeinschaften
evtl.	eventuell
FC	Fußballclub
FIFA	Fédération Internationale de Football Association (Internationaler Fußball-Verband)
Fn.	Fußnote
FSV	Fußballsportverein
gem.	Gemäß
GG	Grundgesetz

GmbH	Gesellschaft mit beschränkter Haftung
h.M.	herrschende Meinung
Hrsg.	Herausgeber
HSG	Handball- und Spielgemeinschaft
i. S. d.	im Sinne des
IFAB	International Football Association Board
InsO	Insolvenzordnung
IOC/IOK	International Olympic Commitee / Internationales Olympisches Komitee
KG a. A.	Kommanditgesellschaft auf Aktien
LM	Lindenmaier-Möhring, Nachschlagewerk des Bundesgerichtshofs
LR	Leichtathletik Rasensport
m. a. W.	mit anderen Worten
m. E.	meines Erachtens
m. w. N.	mit weiteren Nachweisen
NJW	Neue Juristische Wochenschrift
NL	Nationalliga
OLG	Oberlandesgericht
PHB	Praxishandbuch Sport von Josef Fritzweiler, Bernhard Pfister, Thomas Summerer
RdA	Recht der Arbeit
RechtsO	Rechtsordnung
Rn.	Randnummer
RO/DHB, RODHB	Rechtsordnung des Deutschen Handball-Bundes
RPO	Rechts- und Verfahrensordnung (UEFA)
RuVO	Rechts- und Verfahrensordnung des DFB
RV	Regelverstoß
S.	Seite
scil.	scilicet (= nämlich)
SFV	Schweizerischer Fußballverband
SG	Spielgemeinschaft
SJZ	Süddeutsche Juristenzeitung
SO	Spielordnung
SportR	Sportrecht
SpuRt	Zeitschrift für Sport und Recht
SpVgg	Spielvereinigung

SR	Schiedsrichter
StPO	Strafprozessordnung
SV	Sportverein
TAS	Tribunal Arbitral du Sport (Sportschiedsgerichtshof des IOC)
TBV	Turn- und Ballspielverein
TE	„Ergebnis“ mit Tatsachenentscheidung
TG	Turngemeinschaft
TK	Technischer Kommissar
TSV	Turn- und Sportvereinigung
TuSpo	Turn- und Sportverein
TV	Turnverein
u. a.	und andere
u. U.	unter Umständen
UCL	UEFA Champions League
UEFA	Union des Associations Européennes de Football (Europäische Fußball-Union)
VfL	Verein für Leibesübungen
WFLV	Westdeutscher Fußball- und Leichtathletikverband
WFV	Schriftenreihe des Württembergischen Fußballverbands e.V. (mit Heft-Nr.)
WM	Weltmeisterschaft
WR	Wettspielreglement des Schweizerischen Fußballverbands
z.B.	zum Beispiel
ZGB	Schweizerisches Zivilgesetzbuch
ZPO	Zivilprozessordnung

Teil I: Die verbandsrechtlichen Grundlagen

Vormerkung: 1
Die FIFA (Fédération Internationale de Football Association) legt bei ihren über 200 Mitgliedsverbänden großen Wert auf weltweite Einheitlichkeit des Fußballspiels und seiner Regeln bei ihren sechs Konföderationen (Europa, Asien, Afrika, Nordamerika mit Mittelamerika, Südamerika, Ozeanien) und ihren Nationalverbänden. So lautet Art. 13 FIFA-Statuten in der Fassung vom 2. August 2009:

„Pflichten der Mitglieder:

1. Die Mitglieder haben folgende Pflichten:

a) jederzeitige Einhaltung der Statuten, Reglemente, Weisungen und Entscheidungen der Organe der FIFA sowie der Entscheidungen des Court of Arbitration for Sport (CAS) bei Berufungen in Übereinstimmung mit Art. 62 Abs. 1 FIFA-Statuten …

f) Einhaltung der Spielregeln;

…"

Art. 6 FIFA-Statuten lautet:

„Spielregeln:

1. Jedes Mitglied der FIFA hat Association Football nach den Spielregeln des IFAB (International Football Association Board) zu spielen. Einzig der IFAB ist befugt, Spielregeln aufzustellen und zu ändern.

…"

Angesichts dieser klaren rechtlichen Vorgaben der Weltor- 2
ganisation des Fußballs verwundert es, dass hinsichtlich der durchaus bedeutsamen Problematik der *„falschen Tatsachenentscheidung"* und des *„Regelverstoßes"* unterschiedliche Regelungen zwischen FIFA einerseits und UEFA, DFB, SFV und anderen Nationalverbänden bestehen, zum Teil interpretiert vom CAS.

3 Die Bandbreite der möglichen Rechtsfolgen bei Fehlentscheidungen der Schiedsrichter erstreckt sich auf

- Spielwiederholung,
- Spielumwertung (Spielverlust oder -gewinn eines Teams),
- Bestätigung des Spielergebnisses (Endgültigkeit der Schiedsrichterentscheidung).

Kapitel 1: Das Verbandsrecht hinsichtlich der Fehlentscheidungen

4 a) FIFA (Fédération Internationale de Football Association)

Sie kennt in ihren Statuten, Reglementen, Weisungen und Entscheidungen ihrer Organe sowie in den Fußball-Regeln an keiner Stelle den Begriff „*Regelverstoß*". Auf Ursachenforschung des Autors bei der FIFA in Zürich antwortete der Director Legal Division *Heinz Tännler* am 10. Oktober 2006:

> *„Den spezifischen Protestgrund „Regelverstoß" (scil. des Schiedsrichters) kennt die FIFA-Ordnung nicht. Die Gründe hierfür sind die Unantastbarkeit der Tatsachenentscheidung des Schiedsrichters (vgl. IFAB – Spielregel 5 – Entscheidungen des Schiedsrichters – versus Regelverstoß des Schiedsrichters)."*

Die zitierte Stelle in den Spielregeln (Ausgabe 2009/2010) Art. 5 vor Entscheidungen des IFAB lautet:

> *„Die Entscheidungen des Schiedsrichters zu spielrelevanten Tatsachen sind endgültig. Dazu gehören auch das Ergebnis des Spiels sowie die Entscheidung auf „Tor" oder „kein Tor". ..."*

5 Eine extensive Interpretation des Begriffs „*Entscheidung des Schiedsrichters*" übermittelte die FIFA-Kommission für rechtliche Angelegenheiten am 12. Dezember 1997 im Rahmen des DFB-Einspruchsverfahrens 1860 München gegen Karlsruher SC:

> *„Entscheide, die ein Schiedsrichter während einer Begegnung fällt und die den Verlauf des Spiels betreffen sowie die Entscheide auf „Tor" oder „kein Tor" sind **Tatsachenentscheide.**"*

Im FIFA-Bereich wird eine rechtlich unrichtige Entscheidung des Schiedsrichters nicht zur Kenntnis genommen, jedenfalls nicht zur Grundlage einer für den Fußballspielbetrieb relevanten Folge herangezogen. Wie das Schreiben von *Heinz Tännler* vom Oktober 2006 zeigt, liegt insoweit keine unbewusste Regelungslücke vor, sondern ein bewusster Ausschluss dieses Rechtsinstituts für den FIFA-Bereich. **Alle** Entscheide des Schiedsrichters im Spiel – die FIFA kennt diesbezüglich keine weiteren Untergliederungen – sind privilegiert (FIFA-Rechtskommission vom 12. Dezember 1997). Tabu gegenüber nachteiligen Abänderungen sind somit die Tatsachenentscheidungen **im engeren Sinne** (beispielsweise das Erkennen, dass der Ball an der Hand, im Seitenaus oder im Toraus, hinter oder auf der Torlinie ist, ferner dass die Spielzeit abgelaufen ist), aber **auch** die auf der Basis der – richtigen oder falschen – Tatsachenentscheidung beruhende Regelanwendung (nach FIFA: Tatsachenentscheidung **im weiteren Sinne**).

Dieser Entscheidungsvorgang findet im europäischen Rechtsbereich Anwendung unter dem Begriff *„Regelverstoß"* oder *„technischer Fehler"*. Die FIFA erfasst **beide** Begriffe im Rahmen der Endgültigkeitsregel nach Regel 5 Entscheidung 1.

Das Regelungsziel der absoluten Unantastbarkeit der Schiedsrichterentscheidung untermauert die FIFA des Weiteren in ihren Spielrechten: so heißt es in Art. 14 Abs. 4 *„FIFA-WM-Reglement 2006"*, dass *„Proteste gegen Tatsachenentscheide des Schiedsrichters unzulässig sind, da diese Entscheide endgültig sind"*. Verfahrensmäßig wird in Art. 63 FIFA-Statuten vorstehende Regelung „abgesichert". Abs. 3 dieser Vorschrift lautet:

> *„Der CAS behandelt keine Berufung in Zusammenhang mit Verstößen gegen die Spielregeln" – in Englisch: „The laws oft the game" –.*

Es fragt sich, ob die FIFA mit diesem Ausschluss der Schiedsfähigkeit eines Einspruchsverfahren nicht vom Regen in die Traufe getreten ist, weil dadurch der Weg zu den ordentlichen Gerichten eröffnet wird. Jedenfalls könnte man meinen, dass dieses Versperren des Zugangs zum CAS die Unsicherheit über die Haltbarkeit ihrer Regel oder die Unantastbarkeit der (Fehl-) Entscheidungen des Schiedsrichters dokumentiert.

6 Die Rechtssicherheit geht somit nach FIFA-Recht eindeutig **vor** der Einzelfallgerechtigkeit. Der Reiz der Sportart „Fußball" für Aktive und Zuschauer besteht zu einem großen Teil darin, dass das Spielergebnis mit dem Schlusspfiff des Schiedsrichters grundsätzlich feststeht (nach FIFA sogar immer) und damit der Tabellenstand der betroffenen Mannschaft jederzeit richtig ist; insbesondere weiß nach dem letzten Spieltag einer Saison jeder, woran er ist: wer Meister und wer Absteiger ist, wer für internationale Wettbewerbe qualifiziert ist oder nicht. Das Damoklesschwert einer sportgerichtlichen Veränderung, die u.U. nach Monaten rechtskräftig festgestellt wird, schwebt nicht über einer Liga. Die FIFA kann Einwänden gegen ihre rigorose Grundeinstellung die Weisheit des deutschen Fußballphilosophen *Sepp Herberger* entgegenhalten: *„Im Fußball gleicht sich im Verlauf einer Spielzeit alles aus!"*

b) UEFA (Union des Associations Européennes de Football)

7 Deren Statute (Stand: 28. 5. 2007) scheinen auf den ersten Blick in ihrem Art. 7bis Abs. 1 c), wo *„die Befolgung der Spielregel des ‚International Association Board' (IFAB)"* vorgeschrieben ist, eine Konformität mit FIFA-Recht festzulegen, sodass ein Regelverstoß bei ihr nicht geahndet werden könnte.

Demgegenüber enthält aber die Rechtspflegeordnung der UEFA (RPO) eine Regelung über die Protestberechtigung eines Mitgliedsverbandes und dessen Vereine (Art. 43 Abs. 1). Der Protest richtet sich gegen die Wertung eines Spiels und stützt sich *„... auf einen entscheidenden Regelverstoß des Schiedsrichters"* (Art. 44 Abs. 1 RPO). In Abs. 3 dieser Vorschrift heißt es dann:

> *„Gegen Tatsachenentscheide des Schiedsrichters kann nicht protestiert werden."*

Art. 46 Abs. 1 RPO sieht als Rechtsfolge in einem Verfahren über einen Regelverstoß *„Abweisung oder Gutheißung des Protestes"* vor.

Die UEFA kennt also den Regelverstoß als eigenständiges Rechtsinstitut und nicht nur als Unterfall der „spielrelevanten Tatsachen (Fußball-Regel 5 vor „Entscheidungen des Schiedsrichters“). Die RPO nimmt vielmehr entsprechend der kontinentaleuropäischen Rechtstradition eine **begriffliche Zweiteilung** zwischen Tatsachenentscheidung und Regelverstoß des Schiedsrichters vor. Daraus folgt, dass der Regelverstoß **ein aliud** zum Tatsachenentscheid ist. Er setzt zudem zeitlich erst ein, nachdem die Tatsachenfeststellung des Schiedsrichters getroffen ist. Dieser hat sodann die Entscheidung zu fällen, welche Regel auf den Sachverhalt konkret anzuwenden ist (Subsumtion), und zwar zudem mit welcher Rechtsfolge.

In diesem Bereich gestattet die UEFA – anders aber die FIFA – **8**
dem Schiedsrichter **nicht,** folgenlos zu irren. Dazu verwendet sie eine eigenständige Rechtsfigur, nämlich den **Regelverstoß** – mit Folgen. Bei Relevanz des Rechtsfehlers für das Spielergebnis („entscheidender Regelverstoß“) kann das Resultat umgewertet werden bzw. das Spiel neu angesetzt werden. Der Schiedsrichter hat also entgegen dem Wortlaut der Regel 5 Entscheidung 1 Satz 2 „das Ergebnis des Spiels nicht endgültig“ festgestellt.

Die UEFA weicht also in Kenntnis des zitierten Wortlauts der Fußballregel 5 von deren absoluter Ausnahmslosigkeit ab. Die Gerechtigkeit im Einzelfall kann bei Vorliegen eines spielrelevanten Protestgrundes zu einem anderen Ergebnis führen. Dabei könnte der im staatlichen Recht entwickelte Gedanke Pate stehen, dass zwar grundsätzlich die Rechtssicherheit Priorität hat, jedoch nicht, wenn der Widerspruch des positiven Rechts zur Gerechtigkeit ein so unerträgliches Maß erreicht hat, dass die Norm „als unrichtiges Recht“ zu weichen hat.[1]

Einen kleinen Schritt zurück macht Art. 63 Abs. 1 der UEFA- **9**
Statuten bezüglich der schiedsgerichtlichen Überprüfbarkeit, wo es heißt:

„[1] *das TAS ist nicht zuständig für:*

a) Angelegenheiten im Zusammenhang mit der Anwendung einer reinen Sportregel, wie zum Beispiel der Spielregeln oder der technischen Modalitäten eines Wettbewerbs;

…“

1 *Radbruch*, aaO., S. 105 f.

Die UEFA will also in diesen Fällen – ebenso wie die FIFA, die aber schon verbandsrechtlich ein Einschreiten gegen Schiedsrichterurteile nicht zulässt – nicht den Weg zur Schiedsgerichtsbarkeit eröffnen, sondern selbst abschließend entscheiden. Beide internationale Verbände kommen also kraft Rechtssetzung zu dem gleichen Ergebnis wie *Haas*[2] es durch konkludente Parteivereinbarung im Schiedsverfahren in Erwägung zieht.

Wie die materiell-rechtliche Kollision zwischen FIFA-Recht und UEFA-Bestimmungen zu lösen ist, wird in Teil V abgehandelt werden.

c) DFB (Deutscher Fußball-Bund)

10 Auch die DFB-Vorschriften über den Regelverstoß stehen in Widerspruch zu den zitierten FIFA-Normen. So lautet § 17 Abs. 2 RuVO (Rechts- und Verfahrensordnung):

„Einsprüche gegen die Spielwertung können unter anderem mit folgender sachlicher Begründung erhoben werden:

...

c) Regelverstoß des Schiedsrichters, wenn der Regelverstoß die Spielwertung als verloren oder unentschieden mit hoher Wahrscheinlichkeit beeinflusst hat.

...“

Mit diesem eigenständigen Rechtsinstitut verbindet der DFB im Rahmen einer langen Rechtstradition und im Schutze einer verfassungsrechtlichen Absicherung (Art. 9 Abs. 1 GG) eine Zweiteilung zwischen den Begriffen *„Tatsachenentscheidung“* und *„Regelverstoß“*. Der Deutsche Fußball-Bund rüttelt dabei keineswegs an der Endgültigkeit der Tatsachenentscheidung des Schiedsrichters nach Regel 5 Entscheidung des IFAB. Mit den Fehlern des Schiedsrichters auf diesem Sektor muss ein Verein abgesehen von extremen Ausnahmefällen ebenso leben wie mit den Fehlern seiner Spieler oder des Trainers. Der 23. Mann auf dem Spielfeld ist auch nicht dagegen gefeit, dass

---

2 *Haas*, aaO., Die Überprüfung von „Spielentscheiden“ ..., CaS 2007, 131, 136.

„Irren menschlich ist“. Wenn das Fernsehbild eindeutig dokumentiert, dass das Foul außerhalb des Strafraums war, der Schiedsrichter es aber innerhalb des 16-Meter-Raums gesehen hat und deshalb auf Strafstoß entschieden hat, der zum Tor führte, oder ein Tor endgültig bleibt, weil der Referee zuvor ein Handspiel eines Angreifers nicht gesehen hat, ist möglicherweise höchst ausnahmsweise von dem Grundsatz abzuweichen.

Der DFB weiß im Einklang mit FIFA und UEFA und sonstigen **11** Fußballnationen in Europa, dass ein Abweichen von diesem Grundverständnis zu einem Chaos beim Fußballsport führen würde; externe Rechtsinstanzen dürfen **grundsätzlich** nicht die falschen Entscheidungen des Schiedsrichters korrigieren, Spielergebnisse umwerten oder Wiederholungsspiele ansetzen. Ein sporttypisches Prinzip ist die juristische Stabilität des Spielergebnisses auch in den Fällen, in denen es rechtswidrig erzielt wurde.[3] Diese unbedingt notwendige Ausklammerung von der nachträglichen Überprüfbarkeit bezieht sich nach dem klaren Wortlaut der Regel 5 und von Art. 14 Abs. 4 WM-Reglement 2006 auf die **Tatsachenentscheide des Schiedsrichters.** Der DFB leitet nun nach allgemeinen Auslegungsgrundsätzen (Umkehrschluss) aus dem FIFA-Text ab, dass Entscheide des Referees, die er nach Wahrnehmung mit seinen Sinnesorganen (Hören, Sehen) durch Feststellung über ihre Tatsächlichkeit getroffen hat, unantastbar sein sollen, nicht aber, dass seine Entscheidungen über andere Vorgänge seiner Amtsausübung, wie die Regelanwendung im Spiel, durch Subsumtion erfasst sein sollen. Diese Textinterpretation ist keine sprachliche Verbiegung, sondern ist näher als die, welche die FIFA aus Regel 5 Entscheidung 1 ableitet. Diese erfasst unter „Entscheidungen über Tatsachen“ in sehr extensiver Form auch die Regelanwendung des Schiedsrichters – damit auch die falsche Regelinterpretation im Spiel –, die der DFB aber nach seiner Rechtstradition von der Tatsachenentscheidung im engeren Sinne abgrenzt (begriffliche **Zweiteilung**). Der spielentscheidende Regelverstoß des Schiedsrichters wird nicht – wie nach den

---

3 *Steiner*, Verfassungsrechtliche Bemerkungen; *Pfister*, aaO., Cas 2009, 103, 104.

sprachlichen Gesetzen naheliegend – als von Regel 5 erfasst angesehen, eher bietet sich der Umkehrschluss an: Wenn die Tatsachen ausdrücklich als Entscheidungsbezug genannt sind, soll die Regelanwendung – und damit der Regelverstoß – sprachlich gerade **nicht** darunter fallen. Es hätte bei der Formulierung der Fußballregeln ansonsten nichts näher gelegen, als generell zu postulieren, dass **alle** Entscheidungen des Schiedsrichters im Spiel endgültig sind – nicht anderes **praktiziert** die FIFA, warum aber nicht mit Legitimation durch den Wortlaut der Regel? Wenn so gewollt, möge der IFAB handeln. Durch einen Federstrich durch die höchste Rechtsinstanz der FIFA würde eine Fülle von rechtstheoretischen Abhandlungen über das Thema „Regelverstoß im Fußball" der Sportrechtsgeschichte zuzurechnen sein.

d) SFV (Schweizerischer Fußballverband)

12 Der große Rechtslehrer *Max Kummer* (Bern) hat in den 1970er-Jahren in seiner Publikation *„Spielregel und Rechtsregel"*[4] visionär[5] erkannt, dass das laufende Spiel bzw. der eigentliche Spielkomplex einer rechtlichen Sonderwürdigung bedürfe. Elfmeterentscheide wie Platzverweise seien nicht justiziabel, sehr wohl die Sanktionen gegen vom Feld gestellte Spieler.

13 Das Schweizer Bundesgericht[6] ist der These *Kummer*s weitgehend gefolgt. Es hat aber in jüngster Zeit eine Ausnahme herangezogen. Wo die Persönlichkeitsrechte (scil. des Spielers) verletzt sind, können die Gerichte die Entscheidungen der Sportinstanzen überprüfen. Eine weitere Ausnahme lässt die oberste Schweizer Gerichtsinstanz zu, wenn die Anwendung der Spielregel gänzlich willkürlich erfolgt ist, sodass kein inhaltlicher Zusammenhang zwischen der Anwendung der Spielregel und dem Spiel selbst besteht.[7] Das Spiel höre in diesem Fällen auf, Spiel zu sein.

---

4 *Kummer*, aaO.

5 *Scherrer*, aaO., S. 181 ff.

6 Erstmals im Urteil vom 21. 1. 1982, BGE 108 II, 15 ff.; danach in gefestigter Gerichtspraxis, BGE 118 II, 12, 19; 120 II, 369.

7 BGE 108 II, 15, 21; BGE 118 II, 12, 16 f.; so auch *Haas*: Die Überprüfung von „Spielentscheiden" …, CaS 2007, 131, 134.

Der Schweizerische Fußballverband kennt auch wie der DFB eine Zweiteilung: einerseits die *„Tatsachenentscheidung"* des Schiedsrichters und andererseits – vergleichbar dem Regelverstoß in Deutschland – den *„regeltechnischen Fehler"* – erstere ist unangreifbar, letzterer kann auf Protest zu einer Spielwiederholung führen.

e) Englischer Rechtskreis (England, USA, Kanada)

Im Mutterland des Fußballs geht man von der Überlegung aus, **14**
dass die sportlichen Instanzen *„besser geeignet sind, sportrechtliche Sachverhalte zu beurteilen als die staatlichen Gerichte"*. Deshalb genießen „Spielentscheide" eine die sportspezifische Besonderheiten hinreichend berücksichtigende Immunität.[8] Der gerichtlichen Kontrolle unterliegen Verbandsmaßnahmen nur dann, wenn sie mit allgemeinen Rechtsgrundsätzen unvereinbar sind, den Wettbewerb in zulässiger Weise beschränken oder aber die Lebensführung des Sportlers unverhältnismäßig beeinträchtigen.[9]

f) Brasilien

Im Lande des fünfmaligen Weltmeisters Brasilien gibt es das **15**
sog. „Lei Pelé"-Gesetz Nr. 9.615/98, das unter dem ehemaligen Sportminister und weltbesten Fußballer aller Zeiten *Pelé* in Kraft gesetzt wurde. Art. 58 § 2 des Sportgesetzes stellt die Vermutung auf, dass die Richtigkeit des Berichts des Schiedsrichters vermutet wird, außer bei Anzeichen für ein rechtswidriges Handeln des Schiedsrichters. Ähnlich wie bei § 17a Abs. 2 RuVO gilt eine Ausnahme bei einer bewussten **Spielmanipulation** durch den Schiedsrichter. Aufgrund dieser Bestimmung wurden 2005 in Brasilien elf Spiele wiederholt.[10] Schiedsrichter *Edilson Pereira de Carvalho* habe in den Fällen gegen die „Würde des Sports" verstoßen („Mafia der Pfeife"). In allen an-

8 Zitiert nach *Haas* (s. Fn. 7) mit weiteren Fundstellen aus dem englischen Rechtskreis.

9 *Haas*, aaO., S. 133, dortige Fußnoten.

10 *Tôrres-Jaeger*, aaO., S. 3 ff., 9, 11.

deren sind die Entscheidungen des Schiedsrichters irreversibel (auch bei Regelverstößen!).

g) Fazit zum nationalen und internationalen Verbandsrecht

16 Die bestehende für die FIFA und ihr Selbstverständnis untypische Diskrepanz ihres Rechts im Verhältnis zu wichtigen ihr zugehörigen Verbänden ist in lit. a)–f) herausgearbeitet. Nach Auswertung der Rechtsprechung und Lehre zu dieser Problematik in Teil IV soll nach Analyse der wechselseitigen Standpunkte und Argumentationen unter Teil V eine Lösung versucht und angeboten werden, welche Fehlentscheidungen des Schiedsrichters von der Sportgerichtsbarkeit korrigiert werden können und gegebenenfalls auf welche Weise.

Teil II: Die Faktoren der Fehlentscheidungen der Schiedsrichter

Die drei Faktoren *Regeln, Schiedsrichter, Fernsehbeweis,* begleitet 1
von dem Recht der Verbände und dem des Staats, bestimmen die Entscheidung auf dem Spielfeld, wobei die drei Institutionen teils miteinander, teils gegeneinander den Kampf um das gerechte Ergebnis führen.

Kapitel 1: Die Regeln – das sonstige Recht

Zusatzfrage: Gilt die These von *Max Kummer*: *„Wer spielt, kann Recht nicht wollen."*?

Zumindest seit Anfang der 1970er-Jahre (Bundesligaskandal I) 2
zieht sich gleichsam als roter Faden der Grundsatz „ohne Recht kein Sport" durch das Fußballgeschehen. Der Kampf ums Recht ist ein wesentliches Element des Sports[11], das ihn kennzeichnet. Auch wenn es „um nichts geht" bzw. nur um die Freude am Gewinnen – ohne bare Münze –, gelten die **Fußballregeln** wie bei einem Weltmeisterschaftsspiel. Sie sind ein Anker des Sportrechts, die andere Basis ist das übrige Verbandrecht des Fußballs (betreffend Spielwertungen, Spielsperren, Spielerlaubnis pp.) – beide eingebettet in das internationale Fußballrecht und insbesondere in das zwingende staatliche Recht (an der Spitze Art. 9 Abs. 1 GG – die Vereinsautonomie). Man muss mit *Haas*[12] der Fehleinschätzung entgegentreten, *„dass Fußball ein einfaches Spiel sei, nur die Juristen machten es kompliziert"*. Der Fußball wie auch der übrige Sport brauchen jedoch die Juristen, denn das Recht, das richtig angewendet wird, macht den Wettkampfsport überhaupt erst möglich und interessant.

---

11 PHB/*Pfister*, Einführung, Rn. 2.
12 SportR A, Rn. 23.

Gerade weil das Fußballspiel ein Kampfspiel ist, dienen die Regeln nicht nur dem einwandfreien Verlauf der Begegnungen und der richtigen Ermittlung des Ergebnisses, vielmehr sollen sie auch zumindest gleichgewichtig die Gesundheit der Kicker gewährleisten. Es ist eine vornehme Aufgabe des Schiedsrichters, dies im Auge zu behalten und als berufener Gesetzeshüter in einem Match bereits den Anfängen zu wehren.

3 Wie kein anderer Teilbereich unserer Gesellschaft baut der Sport und insbesondere das Fußballspiel auf diesen vom Referee zu verwirklichenden Regeln auf. An deren Schnittstelle zwischen dem Fußballrecht und dem zwingenden staatlichen Recht – beide bilden als jeweilige Säule die Basis für die Sportausübung – haben die Juristen eine Friedensordnung geschaffen, um deren Einhaltung zu gewährleisten. Das Recht steht dabei dem Wettkampfsport nicht im Wege, sondern macht ihn möglich und garantiert seine Entfaltung. Die Regeln sind ein prägendes Kennzeichen des Sports. Sie sind bei den einzelnen Verbänden unterschiedlich und die Unterscheidungsmerkmale der jeweiligen Sportarten. Der Sport braucht unabdingbar einen gewissen Grad der Verrechtlichung. Die Chancengleichheit und das Fair-Play-Prinzip sind Kernpunkte des Regelwerks der Verbände, das schon länger als Anfang 1970 in Kraft ist.

Das Wort „Regel“ leitet sich von dem lateinischen Begriff *„regula“*, *„Latte“*, *„Maßstab“* ab. Die Regeln sind Ausfluss der Befugnis der autonomen Verbände in Deutschland, das von der FIFA weltweit gesetzte Spielrecht, das der DFB für seinen Bereich übernommen hat, zu regulieren. Dazu und zu seiner Anwendung für Fußballspiele in Deutschland berechtigt ihn die grundgesetzlich garantierte Privatautonomie (Art. 9 Abs. 1 GG). Aus dieser heraus fließen die Selbstregulierungskräfte der Verbände. Danach ist ihnen gestattet, ihr Innenleben nach ihrem Ermessen bzw. nach den Vorgaben der FIFA zu gestalten: m.a.W. zu bestimmen, ob der Strafstoß aus 11 m oder aus 13 m Entfernung geschossen werden muss, ob das Spiel drei Abschnitte (mehr Werbung) oder wie bisher zwei Halbzeiten hat, ob der Abstand der Mauer 9,15 m (= 10 englische Yards) hat oder 10 m betragen soll, bzw. ob ein oder fünf Schiedsrichter ein Bundesliga- oder ein Länderspiel leiten und lenken sollen. Die Regeln sind die Kennzeichen des Sports und geben ihm das Gepräge: *„Ohne Regel kein Spiel, ohne Recht kein Sport."*

Der Schiedsrichter hat die Regeln grundsätzlich stringent **4**
anzuwenden. Nach einer teilweise in Schiedsrichterkreisen vertretenen Meinung ist damit das berühmte Fingerspitzengefühl bei Grenzfällen ausgeschlossen. *Hans Kindermann* formulierte öfters, das Fingerspitzengefühl sei *„doch nur ein Alibi für Fehlentscheidungen"*. Nach der überwiegenden Auffassung beim DFB ist dagegen eine sinnvolle Anleihe bei dem Opportunitätsprinzip bei der Regelauslegung durchaus zulässig; sie macht aus einem durchschnittlichen Schiedsrichter gegebenenfalls einen guten.

Maßgeblich für die Beurteilung einer Fehlentscheidung des **5**
Schiedsrichters sind einerseits die Fußballregeln, andererseits das **Ordnungsrecht der Verbände.** Überraschenderweise schließt die FIFA von vornherein einen Rechtsbehelf gegen die Fehlentscheidungen des Referees aus. Bei UEFA, DFB, SFV u.a. ist ein Einspruch statthaft und je nachdem auch begründet, wenn ein Regelverstoß des Schiedsrichters die Spielwertung als verloren oder unentschieden mit hoher Wahrscheinlichkeit beeinflusst hat. Darüber haben aber nicht die Schiedsrichter auf dem grünen Rasen, sondern die Richter am grünen Tisch zu befinden. Als weiterer Einspruchsgrund kommt ein im Einzelnen noch nicht einhellig definierter Grad der Fehlerhaftigkeit der Tatsachenentscheidung des Schiedsrichters in Betracht. Im Hinblick auf das Auseinanderklaffen der betreffenden Rechtsgrundlagen der Verbände wird dies in einem eigenen Teil (V) dargestellt.

Als weiterer Bestandteil des „Sportrechts" kommt bei einer **6**
Fehlentscheidung des Schiedsrichters unter Umständen das **staatliche Vereinsrecht** hinzu. Dabei brauchen das Recht des Staats und das Sportrecht durchaus nicht stets parallel zu laufen. Falls das BGB-Recht aber zwingend ist, verdrängt es das Vereinsrecht. Dieses kann jedoch bei nachgiebigem staatlichem Recht an dessen Stelle treten. Niemals kann aber Sportrecht zwingende vereinsrechtliche Vorschriften zurück-

drängen. Denn grundsätzlich kennt der Rechtsstaat keine rechtsfreien Bereiche. Die Fußballregeln, die Verbands- und Vereinssatzungen (einschlägig für Einsprüche § 17 RuVO) bilden zusammen mit den zwingenden staatlichen Rahmenbedingungen die Rechtsgrundlagen für die Behandlung des Regelverstoßes und des Tatsachenirrtums des Schiedsrichters im Fußballspielbetrieb. Ziel sollte es dabei sein, mit Hilfe dieser Normen einen eingetretenen Rechtsnachteil bei dem betroffenen Verein – wenn möglich – wiedergutzumachen, m.a.W. sportliches Unrecht zurückzunehmen bzw. eine zweite Chance unter fairen Bedingungen zu eröffnen.

7 Schreckensbeispiele für das Einschreiten mittels staatlichen Rechts sind in der Sportrechtsliteratur[13] entwickelt worden: So wird ein auf der Stadiontribüne sitzender Amtsrichter geschildert, der per einstweiliger Verfügung einer Mannschaft einen Elfmeter zuspricht oder der einen flinken Gästestürmer, der mehrmals versucht hat, durch eine Schwalbe einen Elfmeter zu „schinden", durch einstweilige Verfügung, die ein Gerichtsvollzieher auf dem Spielfeld zustellt, dies für das weitere Spiel untersagt. Dies mögen Horrorbeispiele sein. Es ist aber durchaus denkbar, dass nach einem Einspruchsverfahren staatliche Richter oder ein Schiedsgericht anders entscheiden als die Verbandsgerichte und dabei staatliches Recht maßgebend sein lassen. Eine Meisterehrung im Gerichtssaal ist – horrible dictu – schon einmal erfolgt.

8 Zu klären bleibt noch, wie die Fußballregeln auszulegen sind. Der englische Text der Regeln ist primär maßgebend. Diese sind als „objektives Gesetz", geboren aus der Vereinsautonomie, auszulegen. Sie sind eine besondere Form des Vertrages[14] – wie auch die Vereinsordnungen –, der der Sportausübung nicht nur im eigenen Interesse, sondern auch im Interesse der Sporttreibenden zur Verfügung gestellt wird. Eine besondere Variante im Sinne einer höheren sportlichen Gerechtigkeit ist die Vorteilsregel, die den Pfiff des Schiedsrichters insoweit zurückstellt, bis geklärt ist, ob der gefoulte Spieler nicht trotz des

---

13 *Wax*, aaO., S. 7 ff.
14 *Haas*, SportR B 29.

Fehlers des Gegners seine Chance nutzen kann. So zeigt sich, dass das Sportrecht recht vielseitig ist und in seiner eigenen Sportrechtswelt mannigfaltige Variationen bietet.[15]

Ansonsten sind die Regeln nach den allgemeinen Vorschriften **9** des BGB auszulegen, also nach ihrem objektiven Erklärungswert, wobei auch der Sinn der Regel Bedeutung gewinnen kann. Analogie und Umkehrschluss sind ebenfalls bei entsprechender Fallkonstellation heranzuziehen. Da im Vereinsrecht nicht zwingend ein perfektionistisch aufgestelltes Regelwerk zu erwarten ist, kommt der ständigen Verbandspraxis eine große Bedeutung zu. Danach wird unter Teil V (Lösung) zu suchen sein.

In erster Linie sind aber die Regeln das Handwerkszeug der **10** Feldschiedsrichter, die schnell und trotz aller Irritationen etwa durch zigtausend Zuschauer eine regelgerechte Entscheidung zu treffen haben und diese gegenüber den Spielern konsequent durchzusetzen, also zu vollstrecken haben.

Wenn angesichts der vertretenen Meinungsunterschiede in **11** Rechtsprechung und Lehre zu zentralen Sportrechtsfragen der geneigte Leser einwerfen mag, dann möge doch der zuständige Ordnungsgeber eine klare und zudem gerechte Regelung etwa für die Frage des Regelverstoßes schaffen, stößt man aber an eine historische Grenze: Gralshüter der Fußballregeln ist der FOOTBALL ASSOCIATION BOARD (IFAB), der seit 1897 jeweils im Frühjahr zur eventuellen Regeländerung zusammentritt und notwendige Neuregelungen – wenn auch mit viel Bedacht – verabschiedet. Dieses Gremium besteht aus acht Mitgliedern, davon je eines aus England, Schottland, Nordirland und Wales und vier weiteren aus den übrigen FIFA-Ländern. Beschlüsse müssen mit zwei Drittel Mehrheit gefasst werden. Diese Zahlen und das Abstimmungsverhältnis lassen angesichts der eher konservativen Grundhaltung der von der Insel kommenden Vertreter keine allzu häufigen bzw. umwälzenden Regeländerungen erwarten. Gehäuft sind nach dem Handtreffer im Spiel Frankreich gegen Irland im November 2009 Stimmen in der Weltöffent-

---

15 *Steiner*, Quo vadis Sportrecht?, CaS 2009, 14ff.

lichkeit laut geworden, die eine Regeländerung über die Tatsachenentscheidung des Schiedsrichters mit Nachdruck forderten. Eine Änderung ist jedoch insoweit nicht wahrscheinlich.

12 An dieser Nahtstelle zwischen Sport und Recht ist zu fragen: *„Wer hat Vorrang von beiden vor dem anderen?“* Die Antwort lautet: *„Keiner!“* Dazu passt ein anschauliches Bild von einem der Gründerväter des Sportrechts *Hans Kauffmann*:[16] Der Doppelbegriff „Sportrecht“ stamme von ungleichen Eltern, vom armen Vater „Sport“ und der Mutter „Recht“. Das etwas exzentrische Kind werde von den Rechtsgeschwistern bestenfalls belächelt, oft verhöhnt und getreten. Das Kind wachse aber gleichwohl heran. Vater „Sport“ habe es zu etwas gebracht. Mutter „Recht“ kümmere sich um die Entwicklung ihres Sprösslings und finde nach und nach Gefallen an dem Jungen.

Kauffmann, einer der maßgeblichen Förderer der Sportrechtsseminare an der Deutschen Richterakademie in Trier, insbesondere zu der Rechtsdisziplin „Sportrecht“, leitet den Begriff „Sport“ von dem lateinischen *„disportare“* = *„zerstreuen“*, *„wegtragen“* im Wortsinne ab, das man im Englischen als *„sich zerstreuen“*, *„vergnügen“* zur Basis des dortigen Begriffs *„sports“* machte. Der Sportler soll sich spielerisch-zweckfrei von den Zwängen des Alltags lösen.

13 Aus der Reihe tanzend ist in diesem Zusammenhang die in der Überschrift des Kapitels genannte These des berühmten Schweizer Rechtslehrers *Max Kummer*: *„Wer spielt, kann Recht nicht wollen!“* Ob die Spielregeln aber völlig außerhalb des Rechtsraums anzusiedeln sind, ist an sich aus der Sicht eines Freundes des Sports eine sympathische Theorie. Ob ihr gefolgt werden kann, soll nach Auswertung der gesamten Rechtsprechungspalette (ca. 40 einschlägige Urteile) unter Teil IV, Kapitel 1 und auch der zahlreichen Beiträge in der Literatur (Teil IV, Kapitel 2) herausgefunden werden.

14 Bisher ist mit keinem Wort angesprochen, ob die 22 Spieler, ihr Trainer oder gar die Reporter der gleichen Rechtsauffassung während des Spiels sind/sein müssen wie der Schiedsrich-

16 Verbandsrechtsprechung im Sport, WFV Heft 24, S. 6ff.

ter. Dieser setzt Recht, die Meinung der anderen am Spiel Beteiligten ist nicht relevant. Sie sind oft – entweder objektiv zu Recht oder zu Unrecht – anderer Meinung, darauf kommt es jedoch nicht an. Die Spieler dürfen eine Kritik am Schiedsrichter nicht im Spiel äußern – es droht ansonsten eine Gelbe Karte. Allenfalls in zurückhaltender Weise kann sich der Spielführer dem Schiedsrichter verbal nähern. Wenn ein Spieler von einem Ball im Strafraum an die Brust getroffen wird, der Schiedsrichter aber Elfmeter pfeift, so spielen die in den meisten Fällen authentischen Wahrnehmungen sowie ein etwaiger Tatbestandsirrtum oder Verbotsirrtum beim betroffenen Spieler keine Rolle, da der Referee die alleinige Instanz zur Feststellung der Voraussetzungen für die Anwendung der Fußballregeln (Regel 14 – Strafstoß) ist. Teilweise ist in zweifelhaften Fällen – etwa Handtor oder einwandfreies Tor – der fragliche Spieler vom Schiedsrichter nach der Wahrheit befragt worden. Die Antworten waren meistens keine Beispiele des Fair Play – es sei denn, das Spielergebnis steht zum Zeitpunkt des Vorfalls bereits hoch für die eigene oder die gegnerische Mannschaft.

Am Rande anzumerken ist, dass die Vorfrage, wie die Fußball- **15**
regeln überhaupt für Verein und Spieler verbindlich werden, in Rechtsprechung und Literatur einhellig beantwortet wird: Die Regeln gelten entweder kraft satzungsmäßiger Begründung oder durch Unterwerfung mittels eines rechtgeschäftlichen Einzelaktes.[17]

An sich an der Spitze dieses Kapitels sollten der Rangordnung **16**
nach das FIFA- und das UEFA-Recht stehen. Weil die FIFA aber im Gegensatz zu UEFA/DFB und anderen Verbänden einen Protest gegen Tatsachenentscheidungen von vornherein für unzulässig erklärt, bietet sich an, das doch recht unterschiedliche nationale und internationale Verbandsrecht in einem gesonderten Kapitel nachfolgend zu behandeln.

Die Zusatzfrage *Kummers*, wer spielt, wolle kein Recht, kann m.E. weder aus sportlicher noch aus rechtsstaatlicher Perspektive vorbehaltlos bejaht werden.

---

17 BGHZ, SpuRt 1995, 43 = NJW 1995, 583 (sog. *Reiter*-Urteil).

Kapitel 2: Der Schiedsrichter

Zusatzfrage: Gilt *„In dubio pro arbitro"*? oder gar *„In dubio sine arbitro"*?

17 Nach Regel 5 „wird jedes Spiel von einem Schiedsrichter geleitet, der die unumschränkte Befugnis hat, den Fußballregeln in der Begegnung, für die er aufgeboten wurde, Geltung zu verschaffen". Gemäß Abs. 2 der Regel 5 sind die Entscheidungen des Schiedsrichters zu spielrelevanten Tatsachen „endgültig". Diese Vorschrift ist gelegentlich Gegenstand weltweiter Diskussionen, ob es hinnehmbar ist, dass etwa ein Handtor à la *Maradona* oder die Handvorlage von *Thierry Henry* hinzunehmen seien, obwohl **alle außer dem Schiedsrichter** die Regelwidrigkeit erkannt haben. Endgültigkeitscharakter haben die Entscheide über „Tor" oder „kein Tor" sowie die Feststellung des Ergebnisses des Spiels.

18 Der Schiedsrichter verkündet statt in Wort und Schrift wie sein staatlicher Richterkollege seine Entscheidungen durch Pfeifen, teilweise begleitet von Gesten und erläuternden Handzeichen.

19 Gerade angesichts der zu diskutierenden Frage, ob eine falsche Tatsachenentscheidung oder ein Regelverstoß des Schiedsrichters zu einer Korrektur des Ergebnisses zu führen hat, sollte man sich bewusst sein, dass zur Zeit der Anfänge des modernen Fußballsports in der Mitte des 19. Jahrhunderts die damaligen Regeln überhaupt keinen Schiedsrichter vorsahen: in den ersten Regeln in England aus dem Jahr 1863 kam er nicht vor. Gleiches gilt für die frühesten deutschen Regeln der sog. „Braunschweiger Schule". Wer sich im Spiel nicht an die Regel hielt, wurde von dem **Mannschaftsführer** verwarnt, bei Regelverstößen entschieden beide Kapitäne (genannt *Spielkaiser*).[18] 1887 führte man den Schiedsrichter ein, der zwei Jahre später auch von sich aus tätig werden konnte und nicht mehr der fallbezogenen Anforderung durch den Mannschaftsführer bedurfte. Nach den Regeln des Jenaer Fußballbundes war für

---

18 *Treuer*, aaO., Heft 25, S. 7ff.

jede Spielhälfte ein Schiedsrichter vorgesehen, der sogar stehenden Fußes eine Geldbuße von einer Reichsmark verhängen durfte.

Die schiedsrichterlosen Zeiten, in denen es noch um die Ehre bzw. das Siegen ging, haben sich geändert, die Regeln wurden verfeinert, dem Schiedsrichter wurden zumindest im Spitzensport klare Vorgaben für seine Entscheidungen an die Hand gegeben. Er wurde bestmöglich ausgebildet und für seine Tätigkeit körperlich und mental vorbereitet. Im Zuge der Kommerzialisierung und Professionalisierung des Fußballspielens ab 1970 waren klare Entscheidungen einer in jeder Hinsicht neutralen Instanz unumgänglich – ein Zurückgreifen auf die schiedsrichterlosen Zeit vor 1900 würde heute ins Chaos führen.

Das Fußballspielen ohne Schiedsrichter erinnert an unsere Jugend, als auf dem „Bolzplatz", einem abgelegenen Straßenteil bzw. einem Acker oder auf einer Wiese Fußball gespielt wurde, ohne Unparteiischen, ohne vorherige Zeitfestlegung – das Spiel dauerte so lange, bis der Junge, dem der Ball gehörte, nach Hause ging –, aber auch fast immer ohne Streitereien. Zu Beginn rief einer der Stärksten: „*Wählen!*" Dann wurden abwechselnd nach bekannter Leistungsstärke die Spieler auf beide Mannschaften verteilt. Es wurde über Tore gejubelt, über „aus" oder „nicht aus" gefeilscht, das Ergebnis verkündet. Schiedsrichterlos und deshalb ohne Regelverstoß wurden damals wie heute Fußballspiele unter Freunden, Kollegen und Verwandten, teils mit Frauen im Garten oder im Schwimmbad ausgetragen. Die Erinnerung daran bleibt oft länger kleben als an ein uninteressantes Bundesligaspiel. **20**

Einer Anekdote gleich kommt die geschilderte Überlieferung, dass bei den ersten Endspielen um die Deutsche Meisterschaft keine Schiedsrichter bestellt worden sind. Man ging davon aus, dass am Spieltag genügend sachverständige Fußballer anwesend sind, von denen einer die Spielleitung übernehmen könnte.[19] Damals haben öfters Mitglieder des DFB-Vorstands, manchmal im Zivilanzug, als Unparteiische amtiert. Zu allen **21**

19 *Hilpert*, Fußballstrafrecht, S. 286.

schiedsrichterlosen Zeiten tauchen weder die „Tatsachenentscheidung“ noch der „Regelverstoß“ als Streitpunkte oder kritische Probleme zur Korrektur durch die Sportgerichte auf.

22 Mittlerweile werden in aller Welt Verbandsspiele, gleichgültig, ob Freundschafts-, Pokal- oder Meisterschaftsspiele, von einem ausgebildeten Schiedsrichter geleitet – absolut zu Recht! Er ist ein Teil des Spiels geworden, er gilt als **23. Mann.** Er hat nicht wie bei anderen Sportarten naturwissenschaftliche Messungen vorzunehmen, um zu ermitteln, ob der Athlet höher, weiter, schneller gewesen ist (bei der Leichtathletik gelten Mess- und Zeiteinheiten). Alle seine Sinne – und wo vorhanden, die seiner Assistenten – sind im Einsatz, um festzustellen, ob der Ball etwa wie beim Wembley-Tor vor, auf oder hinter der Torlinie war. Wenn Menschen handeln, ist eine falsche Entscheidung nie völlig auszuschließen. Falls sich die Fehler häufen und die Fehlentscheidungen nicht mehr zu entschuldigen sind, kommen selbst bei den jüngsten Anhängern des Fußballsports nicht unberechtigte Zweifel auf. So fragte ein E-Jugendspieler nach einem von seiner Mannschaft durch mehrere eklatante Fehlentscheidungen des Schiedsrichters verlorenen Spiel seinen Vater: *„Papa, müssen Schiedsrichter sich eigentlich einer Augenkontrolle unterziehen?“*

23 Zur Freude der Beteiligten am Spiel und zum fairen Ablauf desselben kann der Schiedsrichter durch unauffällige Entschiedenheit wesentlich beitragen und insbesondere zum fairen Ablauf einer Begegnung unter Sportfreunden.[20] Wer Ordnung schafft, ist aber selten beliebt. Der Schiedsrichter pfeift (urteilt) in einem Bundesligaspiel ca. 200- bis 220-mal (= Jahrespensum der Entscheidung einer Richters am Landgericht); übrigens laufen die Spitzenschiedsrichter ca. 10 bis 12 km pro Begegnung, die Spieler nur wenig mehr, nämlich 12 bis15 km in einer Spitzenpaarung.

Die Gesetzeshüter wurden früher *„Götter in Schwarz“* genannt. Sie haben mittlerweile die Farbe ihrer Kleidung gewechselt, sie treten meistens in allen Farben an, wobei die einzige Vorgabe

---

20 *Zorn*, 100 Jahre DFB, S. 115ff., 123.

ist, dass sich die Schiedsrichterkleidung farblich von dem Dress der Mannschaften zu unterscheiden hat.

Die Schiedsrichter des Sports haben eine Doppelrolle zu bewäl- **24**
tigen, d.h., sie haben Sachverhalte festzustellen und darauf das Recht anzuwenden, m.a.W., seine Intention gilt seinem Bemühen um die Wahrheit und die Gerechtigkeit.

Ein wesentlicher Unterschieds zwischen der Rechtsfindung der staatlichen Richter und der der sportlichen Richter, der Schiedsrichter, besteht darin, dass erstere die tatsächlichen Grundlagen ihrer Entscheidungen **nach und nach** ermitteln – durch das Vorbringen der Parteien und die Ermittlungen des Gerichts –, während, der Referee in einer Momentaufnahme die tatsächlichen Feststellungen für sein Urteil registriert und sofort bzw. binnen zwei bis drei Sekunden – eventuell unter Verwertung der Angaben des Teams nach optischen oder akustischen Signalen – das Urteil fällt. Wegen dieser Eilbedürftigkeit besteht eine erhöhte Fehleranfälligkeit. Das staatliche Recht ist sich angesichts der Doppelrolle eines Richters bewusst, dass eine besondere Fehlerquelle eröffnet ist, wenn ein Richter eigene (private) Wahrnehmungen seinen Urteilen zugrunde zu legen hat.[21] Demzufolge erklärt die ZPO die Zeugenrolle mit der des Richters für unvereinbar (Beweisverbot: § 41 ZPO). Kein Richter soll seine **eigenen** Beobachtungen beurteilen, ob sie wahr oder nicht wahr sind, und sie danach seiner rechtlichen Würdigung zugrunde legen. Gesetzgeberischer Hintergedanke ist dabei, dass eine gewisse Affinität zum Wahrnehmungsgegenstand aus unterschiedlichen Gründen zu falschen bzw. teilsweise verfälschten Feststellungen führen kann. Demgegenüber gehört es untrennbar zum Aufgabenfeld des Feldschiedsrichters im Sport, wahrzunehmen und sofort die Spielregeln darauf anzuwenden. Das Bewältigen dieses Phänomens erhöht die Schwierigkeit beim Amtieren des Referees. Fehler passieren erfahrungsgemäß im schnelllebigen Fußball häufiger bei der Sachverhaltsfeststellung als bei der Rechtsanwendung. Die denkbaren Fehlerquellen äußern sich dann in Tatsachenirrtümern und Regelverstößen.

---

21 *Eberhard Schmidt*: Die Sache der Justiz, S. 6ff.

25 Zur Bewältigung seiner schwierigen Aufgabe braucht der Referee eine schnelle Auffassungsgabe, er muss in Sekundenbruchteilen folgenschwere Entscheidungen fällen und dabei Ermessen ausüben. Er sollte weiter über Autorität, Unabhängigkeit, Charakterstärke, Gelassenheit und Neutralität verfügen, aber auch Lebenserfahrung haben sowie in körperlicher Hinsicht über Kondition verfügen. Er braucht ferner Mut, um in einem Hexenkessel bei gellendem Pfeifkonzert wichtige Entscheidungen zum Nachteil der Heimmannschaft auszusprechen. Menschenkenntnis ist bei ihm des Weiteren eine wichtige Eigenschaft. Auf jeden Fall muss der Referee integer sein, wie auch unabhängig und unvoreingenommen. Er ist dabei immer als Ad-hoc-Richter, aber auch als Schnellrichter tätig, wobei er als Allrounder judiziert und sein Urteil auf der Stelle vollstreckt. Er muss nach dem guten Geist der Regeln handeln und hat dabei das Menschenrecht auf Irrtum auf seiner Seite. Er hat nämlich nicht eine Zeitmaschine (Slow Motion und Super Slow Motion) zur Hand. Ein guter Schiedsrichter muss eine psychisch starke Persönlichkeit sein. Er ist nicht nur der Wahrer des Rechtsfriedens auf den Sportplätzen, er muss bei etwaigen Sportgerichtsverfahren bezüglich eines von ihm geleiteten Spiels als Zeuge bei den Verbandsgerichten eine sachgerechte Schilderung seiner Wahrnehmungen abgeben und Vorhalten begegnen können. Zudem muss er wegen etwaiger internationaler Einsätze zumindest eine Fremdsprache sprechen.

26 Solange ein Referee Fehler ungewollt begeht, ist das als fußballimmanent hinzunehmen. Vollzieht er letztlich allein in seinem Innern abrollende Entscheidungen bewusst falsch, so kann dies sicherlich nur bei weiteren Indizien aus dem Umfeld nachgewiesen werden (so z.B. bei den Manipulationen von Schiedsrichter *Robert Hoyzer*, s. unten Teil IV, Kapitel 1, Rn. 15). Ein Schiedsrichter ist theoretisch immer ein gut geeigneter Spielmanipulierer zum Zwecke des Wettbetrugs, er hat nämlich das Spiel in der Hand.

27 Der 23. Mann ist bei Einsätzen in der Bundesliga ein Spitzensportler. Er erhält eine ansehnliche Gage von knapp 4.000 Euro pro Spiel (die Assistenten die Hälfte). Beim DFB sind derzeit 22 Schiedsrichter in der obersten Leistungsklasse. Mit zwei Assistenten und einem 4. Offiziellen leiten sie das Spiel. In der Europa-Liga sind probeweise seitens der UEFA zusätzlich zwei Torrichter eingesetzt. Profischiedsrichter wollen DFB und DFL nicht; faktisch sind bei uns die Schiedsrichter Halbprofis.

In der heutigen Zeit, in der fast alles wissenschaftlich erforscht **28**
wird, erfolgte an der Universität Innsbruck eine Untersuchung, ob die Bundesliga-Schiedsrichter den Heimverein gegenüber der Gästemannschaft bevorzugen. Das Ergebnis war, dass die Referees in der 2. Halbzeit 38 Elfer für die Heimmannschaft, jedoch nur zehn für die Gäste gepfiffen haben. Deren Akteure sehen doppelt so oft die Rote Karte wie die der Platzherren. Dazu trage bei, dass ein tobendes Publikum durchaus die Unparteiischen in Stresssituationen bringen kann. Verwunderlich ist die Feststellung der Forschergruppe, dass in der spanischen Primera División eine zurückliegende Heimmannschaft dreimal so lange nachspielen dürfe als die deutschen Kollegen: in Minuten ausgedrückt, kann die Heimmannschaft bei Rückstand in Spanien zwei Minuten länger nachspielen als in der Bundesliga. Meines Erachtens ist in dieser Untersuchung[22] nicht in Rechnung gestellt, dass in der Regel die Heimmannschaften von der Spielanlage und der Taktik her mehr Spielanteile haben, was eine Verschiebung anderer davon abhängiger Werte mit beeinflusst.

Das Kapitel wurde mit zwei Fragen zur Existenzberechtigung **29**
eines Schiedsrichters im Fußballspiel und seinen Feststellungen und Wertungen im Verlauf des Spiels eingeleitet. Die Antwort ist mit einem Slogan des DFB zu geben: *„Sei fair zum 23. Mann!"* Ein Musterbeispiel für Fairness gegenüber dem Referee war die Haltung der Deutschen Nationalmannschaft beim WM-Finale 1966 im Wembley-Stadion. Weder die Spieler mit ihrem Kapitän *Uwe Seeler* noch Gentleman-Trainer *Helmut Schön* oder ein Betreuer haben nach Spielschluss Schiedsrichter *Gottfried Dienst* (Schweiz) wegen des „verteufelten Tors" von *Geoff Hurst*, das ein Feuilletonist einmal das *„Nichttor des Jahrhunderts"* nannte, bedrängt.

---

22 *Urs Willmann*, „Die Zeit" Nr. 24 vom 5. 6. 2003.

30 Unsere Schiedsrichter schirmt in unserer Rechtsordnung auch kein *„contempt of referee"* ab. Trotz aller Kritik sind sie die alleinigen Entscheidungsträger. Sie sind die „Recht"-sprechung im Spiel. Im Spannungsfeld zwischen Gerechtigkeit und Rechtssicherheit setzt die FIFA unbeirrt auf den Eckpfeifer „Schiedsrichter" und damit vorrangig auf die Karte „Rechtssicherheit" vor „Einzelfallgerechtigkeit" – jedenfalls bisher. Das Spannungsverhältnis zwischen beiden Institutionen harrt weiterhin einer dogmatischen Auflösung. Es beinhaltet auch die möglichen Entscheidungsfehler „Tatsachenentscheidung" und „Regelverstoß", die in Teil IV Kapitel 1 als Varianten der Fehlentscheidungen des Schiedsrichters zu behandeln sein werden.

31 Als Fazit des Kapitels über den Schiedsrichter ist dessen eminent wichtige Rolle bei der Abwicklung des Fußballspiels herauszustellen – ohne ihn würden manche Spiele im Chaos enden. Er ist auch in den Verfahren der Sportgerichtsbarkeit ein besonders wertvoller, weil grundsätzlich glaubwürdiger Zeuge (früher *Kronzeuge* genannt: es hieß damals in einigen Rechtsordnungen der Landesverbände: *„... seine Aussage kann durch kein anderes Beweismittel erschüttert werden ..."*).

32 Zu der Zusatzfrage in der Überschrift zu Kapitel 2 sollte man heute keiner einheitlichen Beweisregel das Wort reden: also einmal kein *„in dubio pro arbitro"*. Einer in der Rechtsliteratur vertretenen Ansicht, man solle wegen der möglichen objektiven und subjektiven Fehlerquellen richtigerweise festlegen *„in dubio sine arbitro"*, ist aber auch der Beifall zu versagen. Die Zuverlässigkeitsprobleme sollten bei dem „Zeugen Schiedsrichter" im Allgemeinen nicht überbewertet werden. Somit ist es m.E. der richtige Weg, in der Beweisaufnahme nach den allgemeinen Grundsätzen der ZPO (§ 286) zu verfahren, wobei weder ein generelles „Pro Schiedsrichter" gilt, aber auch nicht ein „Contra Schiedsrichter" heranzuziehen ist; schließlich ist die Version „Ohne Schiedsrichter" nicht haltbar, denn wer sonst als der Schiedsrichter sollte agieren, feststellen und regulieren.

Kapitel 3: Der Fernsehbeweis

Vor rund 50 Jahren begann das Fernsehen seinen Siegeszug in die Wohnzimmer der Republik. Noch beim WM-Endspiel 1954 in Bern fanden sich Scharen von „Fernseh-Nassauern" vor wenigen Fernsehapparaten – diese noch mit kleinem Bild und in Schwarz-Weiß. Bis heute sind in fast allen Wohnungen Fernsehgeräte aufgestellt, mit deren Hilfe Millionen von Zuschauern – bei Bundesligaspielen sechs bis acht Millionen, bei Länderspielen über zehn Millionen und bei EM- bzw. WM-Endspielen ca. 30 Millionen in Deutschland sich erfreuen, leiden, zittern, aber auch die Schiedsrichter kritisieren, vorverurteilen und gar verdammen. Dank des Fernsehens wurde der Anfang zum Fortschritt bei der Wahrheitsfindung in Sportgerichtsverfahren vom Sportgericht des Fußball-Regionalverbandes Südwest unter Vorsitz des Homburgers *Karl Schuberth* gemacht, als es bei einem Feldverweis im Spiel TuS Neuendorf gegen Wormatia Worms (damals Oberliga Südwest = die zweithöchste Klasse im DFB) im Jahre 1972 einen Film des Südwest-Fernsehens, der in der lokalen Sportschau gelaufen war, in Augenschein nahm und für die Urteilsfindung ausgewertet hat. Übrigens hat der Schiedsrichter als Zeuge nach Betrachten des Fernsehbildes eingeräumt, dass er im Spiel den Vorfall nicht ganz richtig gesehen habe und einen Feldverweis nicht hätte aussprechen sollen – ein Freispruch war die Folge. **33**

Beim DFB wurden die Fernsehaufnahmen erstmals am 31. 1. 1977 (Sportgerichtsurteil Nr. 23/76/77) und danach vorbehaltlos in Augenschein genommen, und zwar zumindest in Disziplinarfällen. **34**

Die FIFA „zierte sich" noch mehr als ein Jahrzehnt, den Rubikon zur Wahrheit zu überqueren. Sie machte dabei aber nur „einen halben Schritt", indem sie das Fernsehen in Disziplinarverfahren als „ergänzendes" und somit doch als echtes Beweismittel zuließ.[23] Der damalige FIFA-Generalsekretär **35**

23 FIFA-Zirkular Nr. 499 und 546.

Joseph S. Blatter focht immer noch mit dem Rücken zur Wand gegen Fortschritte bei der Wahrheitsermittlung. In einem Gesprächsforum in Monte Carlo 1995 mit Fernsehvertretern aus ganz Europa, mit Schiedsrichtern und mit Sportjuristen von Rang führte er aus:

> *„Wenn wir zu vollkommen, zu narrensicher sind, nehmen wir dem Sport etwas von seinem moralischen Wert weg und machen ihn dadurch weniger attraktiv für den menschlichen Geist."*[24]

36 Einen Versuch des Zurückruderns unternahm auch die UEFA Mitte der 1990er-Jahre mit dem Ziel, bei Fernsehübertragungen die Zeitlupen-Wiederholungen zu unterbinden. Die Reaktion der Medien: *„... so was kann man nur im Rausch fordern, das wäre Zensur*[25]*, das Rad der Zeit lässt sich nicht zurückdrehen, die Zeitlupe gehört zum Zuschauer-Service ..."* Aus dem Herzen der Fernsehgenießer sprach *Gerd Rubenauer*: *„Die Zeitlupenaufnahme ist das liebste Spielzeug der Fernsehzuschauer."* Dieser wolle es partout genauer sehen als der Referee. Für alle gilt in bedeutsamen Fällen die Neugier nach dem wahren Geschehen.

37 Auch im DFB-Bereich gab es Befürworter und Gegner der Fernsehaufnahmen betreffend ein Fußballspiel. Die Sportrichter des DFB argumentierten gegen die Gegner dieses historischen Schrittes, dass die technischen Beweismittel den menschlichen Erkenntnisquellen oftmals überlegen seien.[26] Eine Verfahrensordnung, die einzelne per se nicht anrüchige Fernsehbilder von vornherein ausschließen wolle, verlasse die vom Rechtsstaat vorgegebenen Bahnen.

38 Die von der FIFA vorgesehene Zweiteilung der Verfahren, bei denen eine Fernsehaufnahme zulässig ist, in solche mit Disziplinar- und solche mit Spielwertungsfällen – in ersteren ist das Fernsehen erlaubt, in letzteren verboten –, ist seit Mitte der 1990er-Jahre nicht entscheidend vorangetrieben worden: Phantom-Tore bzw. Einzigartigkeitsfälle sind danach nicht mehr aufgetreten, das Franzosentor gegen die Iren ist eine

---

24 Siehe *Hilpert*, Sportrecht ..., S. 70.
25 So *Wolf-Dieter Poschmann* (ZDF).
26 DFB-Sportgericht, Urteil vom 24. 1. 1979 – SportR 16/16/14).

Ausnahme und wurde von der FIFA in den Anfängen erstickt (Tatsachenentscheid). *Blatter*, nunmehr Präsident der FIFA, spricht von der *„klaren Haltung der FIFA“* in dieser Frage.

Nach der staatlichen Strafprozessordnung ist die visuelle Beweisführung im Wege der Augenscheineinnahme ein zulässiges Beweismittel. Sie ist ein Sachbeweis und wegen ihrer Unbestechlichkeit ein objektives und deshalb unbestechliches Beweismittel. Sie ist nach den Erfahrungen des Autors mit 40-Jahre-DFB-Rechtsprechung im Verhältnis zum oft subjektiv geprägten Personalbeweis wertvoller als dieser. **39**

Die Zuschauer vor Ort erliegen oft wegen einer Anhängerschaft zur einen oder anderen Mannschaft – oft unbewusst – Wahrnehmungsfehlern, neutrale Zuschauer haben meist wegen der Schnelligkeit des Szenenablaufs den Vorgang nicht exakt aufgenommen. Viele Sportplatzbesucher eilen nach Hause, um in der Sportschau die Wiederholung – oft nochmals in Zeitlupe – zu sehen. Sicherlich ist der im Wahrnehmen von Fußballszenen geschulte Schiedsrichter ein wichtiger Zeuge, der meist völlig richtig liegt. Die Fans, die ja doch im Wortsinne zum „Zuschauen“ ins Stadion gekommen sind, also auf den ersten Blick ideale Zeugen darstellen, sehen aber wegen ihrer Subjektivität keineswegs richtig – in der Rechtsgeschichte hat man dieses Phänomen im germanischen Strafprozess durch Klassifizierung von Zeugengruppen auf der einen und solchen auf der anderen Seite erkannt und sich darauf eingestellt. Dieses Glaubwürdigkeitsphänomen stellt sich im Sport und insbesondere im Fußballspielbetrieb fast wöchentlich. **40**

Im staatlichen Recht trägt das Fernsehen nur in seltenen Fällen zur Aufklärung eines Tatgeschehens bei, weil der Kameramann nicht am Ort des Geschehens ist. Eine besondere Rolle ist dem Schiedsrichter auf jeden Fall auch bei fraglichen Spielszenen im Zusammenhang mit Fehlentscheidungen einzuräumen, eine erhöhte Glaubhaftigkeit seiner Aussage ist sicher anzunehmen, sie ist keineswegs absolut verwertbar, wie es die FIFA-Spitze und der BOARD nach wie vor durchsetzen wollen. **41**

Der Fernsehbeweis hat in den letzten 40 Jahren eine interessante Entwicklung durchgemacht. Pro und Contra sind ak- **42** ribisch von Wissenschaftlern und auch von Praktikern herausgearbeitet worden. Über den Aussagewert des Fernsehens betreffend das sog. Wembley-Tor sind von Berufenen, aber auch von Sensationslustigen Bilder ausgewertet worden wie über wenige andere Streitpunkte der Zeitgeschichte. Die technischen Untersuchungen sind angestellt worden, um zu ermitteln, ob der Ball mit vollem Umfang hinter der Torlinie war. Das Ergebnis bleibt Glaubenssache – der damalige Bundespräsident *Heinrich Lübke* hatte seine eigene Meinung: kein Tor!

43 In den Anfangszeiten des Fernsehens wurde dessen Bild oft nur scheinbare Beweiskraft beigemessen.[27] Als Fehlerquellen wurden angeführt: fehlende dritte Dimension, Gummilinse, Schwenk des Kameramanns im entscheidenden Moment und „Kumpeljournalismus" – der Kameramann löscht eine verräterische Szene wegen Anhängerschaft zu einem Verein. Auch eine Manipulation des vollständigen Films ist technisch möglich, ist aber heute durch die Vielzahl der Kameras (in der Bundesliga 28 gleichzeitig bei einem Spiel) und dem Fortschritt bei der Überprüfbarkeit von Manipulationen am Film praktisch ausgeschlossen. Die Vorsicht vor einer damals nicht erkennbaren Veränderung des Filmmaterials führte bis Anfang der 1980er-Jahre dazu, dass die DFB-Rechtsinstanzen nur die Aufnahmen der öffentlich-rechtlichen Anstalten zuließen und nicht private Filmbilder. Das ist aber keine Frage des Beweiswertes, sondern der Beweiswürdigung im Einzelfall, die Veränderungen – notfalls durch Sachverständige – sicher ausschließen kann. Das Argument, dass die Fernsehkamera nur einige Spielteile bei den Profis aufnehme und schon gar nicht die viel zahlreicheren Amateurspiele, sei ein Verstoß gegen den Gleichheitssatz (Art. 3 Abs. 1 GG) und eine ungerechte Situation, ist schon im Ansatz unschlüssig: Der Bankräuber, der in die Filiale A mit Videoauge einbricht, kann sich auch nicht darauf berufen, dass sein „Kollege", der in die Filiale B eingedrungen ist, mangels aufgestellter Kamera unerkannt geblieben sei – ein „Scheingleichheitsargument", das wie so oft, wenn Laien den Gleichheitssatz bemühen, nicht „sticht". Die-

27 Zum damaligen Meinungsstand *Weber*, aaO., Heft 19, S. 8ff.

ser Begründungsansatz kam oft aus Schiedsrichterkreisen, die – durchaus menschlich verständlich – das Fernsehen als unwillkommener Überwacher und Kritiker ihres Handelns verbannt wissen wollten, ja sogar Aufnahmen über kritische Szenen von vornherein in „Sportschau“ und „Aktuellem Sportstudio“ ausschließen, ja sie sogar löschen wollten. In ihre früher „heilen Welt“, in der sie fast immer als alleinige Zeugen (Kronzeugen) auftraten, ist der Störenfried „Fernsehen“ eingedrungen. Dass die Autorität eines Schiedsrichters durch ein ihn widerlegendes Fernsehbild angekratzt werden kann, ist unbestreitbar. Ein guter Schiedsrichter prägt aber das Persönlichkeitsbild über sich nicht durch vereinzelte, menschliche – eventuell falsche – Entscheidungen, sondern durch sein Auftreten auf dem Spielfeld und vor der Kamera oder im Sportgerichtssaal. Das weitere Argument gegen die Videoaufnahmen aus dem Schiedsrichterbereich, es sei nicht hinnehmbar, dass nicht alle Teile eines Spiels von der Kamera erfasst würden, ist mittlerweile bereits in tatsächlicher Hinsicht überholt: 28 Kameras in der Arena führen zu einer totalen Überwachung.

Mit dem Siegeszug des Fernsehens in den Sportgerichtsverfahren war die frühere problemlose Konkordanz von Schiedsrichterentscheidung und Sportgerichtsentscheidung auch hinsichtlich der entscheidungserheblichen Tatsachen beendet.[28] Jeder Anhänger der Wahrheit im Fußball stellt positiv heraus, dass ca. 30 Kameraobjektive (= Kameraaugen) mehr erkennen können als zwei menschliche Augen in einem Spiel.

Bewahrt worden ist aber ein Verbot der FIFA für die Verwer- **44**
tung von Fernsehaufnahmen in **Spielwertungsfragen**, das sich im Rahmen unserer Thematik stellt. Erfreulicherweise hat demgegenüber der Weltfußballverband seit der Weltmeisterschaft 1994 in den USA den Fernsehbeweis in Sportgerichtsverfahren als Beweismittel zugelassen. Das Fernsehen dürfe dabei aber nicht als Oberschiedsrichter oder als Korrektor angesehen werden, sondern als Hilfsmittel für die Sportrichter und nach den Vorstellungen der FIFA als Ultima Ratio in Disziplinarverfahren herangezogen werden. Somit ist nunmehr

---

28 *Weber*, aaO., S. 20.

die früher problemlose Konkordanz von Sportgerichtsverfahren und Schiedsrichterentscheidungen nicht mehr ein Dauerphänomen.[29]

Man bezweifelte bei den Fernsehgegnern überdies die „Objektivität des Objektivs“, bezeichnete die „Sportschau“ als „Horrorschau“ für die Schiedsrichter und die Zeitlupenaufnahme als Schrecken der Referees. Die Diskussion ging um das Thema: *„Fernsehauge – Fluch oder Segen?“* Gesteuert wurde in diese Richtung ein Antrag des Schleswig-Holsteinischen Fußballverbandes zum DFB-Bundestag 1979, „in den Urteilen dürften keine Feststellungen verwertet werden, die auf der Einsichtnahme von Lichtbildern, Filmen oder Fernsehaufnahmen beruhen“[30] – das Begehren hatte keinen Erfolg.

45 Die FIFA hat gleichsam mittels eines Tricks ihr Teilverbot hinsichtlich der Spielwertungsfälle untermauert. Sie verbietet einerseits die Änderung der Entscheidung des Schiedsrichters betreffend ein Tor oder das Spielergebnis und droht sogar bei Zuwiderhandlungen Sanktionen gegen die Verbände an (*„... bis hin zum Ausschluss des Verbandes von einer Weltmeisterschaft“*, siehe unten Teil V Schreiben des DFB zum Spiel VfB Leipzig gegen Chemnitzer FC). Sie schaltet darüber hinaus rigoros die rote Ampel für das Fernsehen im Einspruchsverfahren ein. Damit kommt es seitens der DFB-Gerichtsbarkeit schon nicht zur Sachverhaltsfeststellung mittels des Fernsehens. Dieses muss vor der Tür bleiben. Die FIFA stellt insoweit teilweise ein Beweisverwertungsverbot auf, wie es im staatlichen Verfahren in Einzelfällen Verwendung findet. Es ist für die meisten Sportjuristen ein unerträglicher Gedanke, wenn eine millionenfach wahrgenommene Sachverhaltsversion bei einem Urteil nicht Verwendung finden darf. Dies verbietet nach einer häufig vertretenen Meinung das Gebot der Gerechtigkeit, das dem Geist des Sports immanent ist, da es die Gerechtigkeit fordert, dass **alle** nicht aus höheren Gründen unzulässige Beweismittel ausgewertet werden müssen. Allerdings kennt auch das staatliche Recht Beweisthemenverbote (z.B. § 190 StGB). Ein solches

---

29 *Weber*, aaO., S. 20.
30 *Weber*, aaO., S. 27 Fn. 8.

könnte man hier mit dem Argument annehmen, dass der Gesichtspunkt der Endgültigkeit der Schiedsrichterentscheidung und der des Schutzes der Autorität des Referees Vorrang vor der umfassenden Wahrheitsermittlung in dem konkreten Fall verdienen. Verschließen kann man sich aber nicht dem Eindruck, dass ein Zumachen der Augen vor einer Realität einen schlechten Eindruck hinterlässt.

Erwähnt sei noch, dass die Zweiteilung des Fernseheinsatzes **46** zu kuriosen Vorgängen führen kann. Das DFB-Sportgericht hatte einen Fall zu entscheiden, in dem eine bestimmte Verfehlung eines Spielers einerseits angemessen zu bestrafen war, die Verfehlung aber zugleich Grundlage eines Einspruchs wegen eines Regelverstoßes bildete. Das Sportgericht betrachtete in der Verhandlung die Szene im Fernsehen. Die Beisitzer wurden vom Vorsitzenden über die FIFA-Rechtslage instruiert, und zwar dahingehend, dass man in Einspruchsverfahren den Eindruck vom Filmgeschehen ausblenden müsse, ihn aber sehr wohl für das Sportstrafverfahren verwerten solle – eine Verfahrensweise, die von einem Böswilligen als schizophren bezeichnet werden kann.

Meines Erachtens wird die FIFA diese antiquierte Grundhal- **47** tung nicht auf Dauer durchhalten können. Sie wird eine vorsichtige Anpassung an die wohl überwiegende Meinung in dieser Streitfrage vornehmen müssen. Vielleicht ist ein Kelch in Gestalt eines Super-Gaus an dem Weltfußballverband gerade vorbeigegangen, wenn – wofür zumindest der Schein spricht – im WM-Endspiel 2006 der Franzose *Zinédine Zidane* erst nach einem Regelverstoß des 4. Offiziellen in Gestalt der Betrachtung des Fernsehmonitors auf der Stadionlaufbahn dem Schiedsrichter gemeldet worden ist, was während des Spiels keine Erkenntnisquelle für einen Schiedsrichter sein darf. Der Sachverhalt ist insoweit aber in vielen Richtungen streitig – der 4. Offizielle erklärte, seine Meldung sei aufgrund eigener Wahrnehmung, nicht aber auf das Monitorbild hin erfolgt.

Außer dem Fernsehen gibt es noch andere technische Beweis- **48** mittel (Torkamera, Chips im Ball, Hawk-Eye wie im Tennis, Virtual-Replay, Instant-Replay u.a.), die teilweise noch in den

Kinderschuhen stecken. Mit ihnen können objektiv falsche Tatsachenentscheidungen aufgedeckt werden. Überraschend insoweit ist, dass unsere Spitzenschiedsrichter (u.a. *Markus Merk* und *Herbert Fandel*) technische Beweismittel sogar selbst zur Unterstützung der Feststellungen bei der Torerzielung forderten. Gleichsam bleibt dann als Alibizeuge ein Technikversagen. Jedenfalls geht insoweit der BOARD vorsichtig vor, bevor er eine Genehmigung für die Technikanwendung erteilt. Bedingungen des BOARD hierfür: die Technologie dürfe sich nur auf die Torlinie erstrecken – das System müsse zu 100% fehlerfrei arbeiten – dem Schiedsrichter müsse sofort das Befund-Tor oder das Nicht-Tor übermittelt werden – das Signal dürfe ausschließlich an Offizielle mitgeteilt werden.

Teil III: Varianten der Fehlentscheidungen

Es gibt im Fußball richtige Tatsachenentscheidungen, fehlerhafte Tatsachenentscheidungen und Regelverstöße. Der erste Begriff verdient Beifall für den Schiedsrichter und wirft keine Rechtsprobleme auf – es sei denn, man untermauert damit das richtige und endgültige Spielergebnis, das damit eine Fußballkonstante ist, die in der entsprechenden Tabelle ihren unverrückbaren Niederschlag gefunden hat. **1**

Die beiden anderen Begriffe sind die zwei möglichen Varianten einer Fehlentscheidung des Schiedsrichters: der Regelverstoß und die fehlerhafte Tatsachenentscheidung. Die Differenziertheit der aus beiden abzuleitenden Problematik ist atypisch für das als so einfach gepriesene Fußballrecht, die sportliche Gerechtigkeit fordert sie aber heraus.

Kapitel 1: Der Regelverstoß

Da die **FIFA** den Begriff des Regelverstoßes nicht kennt, findet bei ihr auch keine Abgrenzung zwischen ihm und der Tatsachenentscheidung statt. **2**

UEFA, DFB, SFV und andere Verbände der FIFA differenzieren demgegenüber sehr wohl zwischen den beiden Begriffen.[31] **3**

In § 17 RuVO DFB heißt es unter Nr. 2:

> *„Einsprüche gegen die Spielwertung können unter anderem mit folgender sachlicher Begründung erhoben werden:*
>
> ...

31 Wegen des Zusammenhangs werden die Texte hier noch einmal im Wortlaut abgedruckt.

c) Regelverstoß des Schiedsrichters, wenn der Regelverstoß die Spielwertung als verloren oder unentschieden mit hoher Wahrscheinlichkeit beeinflusst hat.
…"

Die **UEFA** normiert in Art. 44 Abs. 1–3 RPO:

[1] *„Der Protest richtet sich gegen die Wertung eines Spiels. Er stützt sich „… auf einen entscheidenden Regelverstoß des Schiedsrichters oder auf andere das Spielergebnis wesentlich beeinflussende Vorfälle.*
[2] …
[3] *Gegen Tatsachenentscheide des Schiedsrichters kann nicht protestiert werden."*

4 Der **Schweizerische Fußballverband (SFV)** kennt eine ähnliche Regelung, wobei statt des Begriffes „Regelverstoß" der Terminus „Regeltechnischer Fehler" Verwendung findet.

5 Der Regelverstoß ist von der fehlerhaften Tatsachenentscheidung des Schiedsrichters abzugrenzen: Der Referee wendet aufgrund des von ihm festgestellten Sachverhalts die Spielregeln an: Ist diese **Subsumtion** fehlerhaft, begeht er einen Regelverstoß. In diesem Umfeld sind drei Formen möglich:

- auf den richtigen Sachverhalt wird die falsche Regel angewandt (= Regelverstoß),
- auf einen falschen Sachverhalt wird die richtige Regel angewandt (= kein Regelverstoß),
- auf einen falschen Sachverhalt wird eine falsche Regel angewandt: ier ist theoretisch ein Regelverstoß begangen worden, wegen des fehlerhaften Sachverhalts ist er aber nicht für die Entscheidung relevant, somit also nicht für das Ergebnis ursächlich.

Der Regelverstoß ist in § 17 Abs. 2 c) RuVO beim DFB expressis verbis normiert. Oben ist mit Hilfe eines Umkehrschlusses (argumentum e contrario) aus dem Terminus „Tatsachenentscheidung" der des Regelverstoßes bereits herausgenommen worden, weil dieser Begriff nach dem Sprachgebrauch nicht eine Rechtsentscheidung mit umfasst.

6 Als Resultat dieser Prüfungen verbleibt ein Bereich, bei dem der Schiedsrichter grundsätzlich Faits accomplis, m.a.W. un-

antastbare Tatsachenentscheidungen (Regel 5 Entscheidung 1) schafft. Bei einer Wortanalyse kommt man zu einer Zweiteilung des Begriffs „Tatsachenentscheidung" im engeren und im weiteren Sinn. Der in der extensiven Interpretation enthaltene Terminus „Regelverstoß" wird bei DFB/UEFA, falls das Spielergebnis mit Wahrscheinlichkeit durch ihn beeinflusst worden ist, korrigiert. Insoweit besteht bei diesen Verbänden kein Privileg für den Schiedsrichter, folgenlos zu irren.

Ob die FIFA ein solches Abrücken von ihrer extensiven Auslegung des Begriffs „Tatsachenentscheide" in Regel 5 Entscheidung 1 hinnimmt bzw. hinnehmen kann oder hinnehmen muss, wird nach Darstellung des Meinungsstandes in Rechtsprechung und Lehre in Teil IV darzulegen sein.

Angesichts des Duetts „Regelverstoß" und „Tatsachenentschei- **7**
dung", wonach letzteres Institut nach FIFA-Verständnis absolut und endgültig gilt, sind als allseits unproblematische Tatsachenentscheidungen diejenigen herauszunehmen, die fehlerfrei zustande gekommen sind bzw. die keine Relevanz für das Spielergebnis erlangt haben.

Zu klären bleibt weiter, ob die Fußball-Regel 5 nicht unter ei- **8**
nem anderen Aspekt zur Unantastbarkeit eines eventuellen Regelverstoßes führt. Endgültig ist danach auch die Entscheidung des Schiedsrichters über das Ergebnis des Spiels, d.h., das verkündete Spielergebnis soll nicht justiziabel sein. Wenn dieses als endgültig festgelegt gilt, so könnte man spitzfindig argumentieren, sind alle bis dahin vom Schiedsrichter getroffenen Entscheidungen überholt und damit obsolet geworden: Als **Vorstufe** zum Endergebnis wäre auch ein Regelverstoß oder eine falsche Tatsachenentscheidung nicht mehr angreifbar. Die FIFA hat sich aber selbst bisher nicht auf eine solche überspitzte Auslegung berufen. Sie will also offensichtlich die Unantastbarkeit bereits auch auf die Vorstufen der Schlussentscheidung beziehen, also etwa darauf, ob ein Tor oder Nichttor gefallen ist.

Kapitel 2: Die Tatsachenentscheidung

9 Die Tatsachenentscheidung trifft der Schiedsrichter grundsätzlich von Spieleröffnung bis zum Abpfiff des Spiels. Er fällt sie gemäß seinen Wahrnehmungen über tatsächliche Vorgänge bzw. aufgrund der ihm übermittelten Feststellungen seines Teams. Hat er auf diesem Weg keine Wahrnehmungen gemacht, kann er nicht pfeifen – er hat den Entscheidungssachverhalt nicht erkannt: Es liegt eine sog. ungewollte negative Tatsachenentscheidung vor. So lag der Fall bei Schiedsrichter *Martin Hansson* (Schweden) beim WM-Qualifikationsspiel Frankreich gegen Irland im November 2009. Das doppelte Handspiel im Stile eines Basketballers von *Thierry Henry*, dem die Handvorlage an den Torschützen für Frankreich folgte, hat der Schiri wohl nicht gesehen. Er hat eine Tatsachenentscheidung auf Tor getroffen, die nach FIFA-Recht endgültig ist – so auch der allmächtige und allkompetente FIFA-Präsident *Joseph S. Blatter*, der mit dem FIFA-Exekutivkomitee am 1. Dezember 2009 außerdem das durchaus nachvollziehbare Begehren Irlands ablehnte, als 33. Nation bei der WM 2010 in Südafrika zugelassen zu werden. In dem Problemfall Irland ist die FIFA der Meinung, dass die derzeit in der Europa-Liga probeweise eingesetzten Torrichter Abhilfe leisten könnten.

10 In Regel 5 Entscheidung 1 ist die Tatsachenentscheidung für alle bei einem Fußballspiel Beteiligten verbindlich festgelegt. Dort heißt es in *„Entscheidungen des Schiedsrichters“*:

> *„Die Entscheidungen des Schiedsrichters zu spielrelevanten* ***Tatsachen*** *sind endgültig. Dazu gehören auch das Ergebnis des Spiels sowie die Entscheidung auf „Tor“ oder „kein Tor“.*

Nach Art. 13 Abs. 1 f) FIFA-Statut haben die FIFA-Mitglieder die Pflicht zur Einhaltung der Spielregeln. In einem gesonderten Artikel betreffend die Spielregeln (Art. 6 Abs. 1) heißt es:

> *„Jedes Mitglied der FIFA hat Association Football nach den Spielregeln des IFAB (International Football Association Board) zu spielen. Einzig der IFAB ist befugt, Spielregeln aufzustellen und zu ändern.“*

Die Entscheidungen zu Regel 5 gelten somit in den 209 Verbänden der FIFA in der ganzen Welt einheitlich.

Die angesprochenen Tatsachenentscheidungen sind demnach die Feststellungen des Schiedsrichters, die den tatsächlichen Ablauf eines Fußballspiels betreffen, z.B. Ball im Aus, Foulspiel, Hand, Abseits pp. Die Entscheidungskompetenz des Referees bezieht sich also auf alle Spielvorgänge und alle Verhaltensweisen der Spieler und eventuell sonstige Personen, die seiner Ordnungsbefugnis unterliegen (z.B. Trainer, Betreuer).[32] Der Schiedsrichter hat dabei seiner Aufgabe entsprechend die einzelnen Szenen des Spielverlaufs zu registrieren und in Regelanwendungen umzusetzen. **11**

Als Grund für die Unumstößlichkeit der Tatsachenentscheidung im weiteren Sinne (so FIFA inklusive des Regelverstoßes) führt die oberste Fußballorganisation der Welt an, dass ansonsten die ausschließliche Autorität des Schiedsrichters untergraben würde.[33] **12**

Für diesen Ausgangspunkt sprechen sicherlich gewichtige fußballspezifische Gründe: Die Attraktivität und Aktualität des Fußballsports gründet sich wesentlich darauf, dass die Spiele auf dem grünen Rasen und nicht am grünen Tisch entschieden werden.[34] Der Reiz des Spiels besteht zum großen Teil darin, dass das Spielergebnis mit dem Schlusspfiff feststeht. Das Resultat der Begegnung bestimmt den Tabellenstand eines Vereins, sodass nicht nur der jeweilige Gegner, sondern auch die übrigen Vereine der Liga von einer möglichen späteren Änderung betroffen sind. Mit dem letzten Spieltag einer Saison sollen die Meister, die Absteiger, die Berechtigten für die qualifizierten Plätze (Champions League, Europokal-Wettbewerb) feststehen.[35] Zudem können davon unter Umständen Auswirkungen in tiefere Klassen bzw. gegebenenfalls auch in höhere Ligen abhängen. Falls bei Schiedsrichterfehlern eine Überprüfung in sportgerichtlichen Verfahren

32 *Reichert*, aaO., Rn. 1886.
33 FIFA-NEWS 12/1997, S. 2.
34 *Hennes*, aaO., S. 40, 41.
35 *Hilpert*, Sportrecht ..., S. 157.

eventuell mit anschließendem Schiedsgerichtsverfahren eröffnet sein soll, würde sich die Unsicherheit möglicherweise sogar über Monate und eventuell sogar über das Saisonende hinaus erstrecken. Das Damoklesschwert der Korrektur der Schiedsrichterentscheidung würde über den unmittelbar betroffenen Vereinen schweben, aber auch über einer größeren Zahl mittelbar betroffener Clubs.

13 Die Abwägung des Pro und Contra für die Bestandskraft einer „falschen Regelanwendung“ und einer „falschen Tatsachenentscheidung“ und die Auflösung der Fingerhakeleien der Sportjuristen auf diesem sensiblen Gebiet wird nach der Darstellung der Rechsprechung, der Rechtslehre und auch nach Meinung einiger sachkundiger Journalisten in Teil V im Schlussteil erfolgen.

Trotz der möglicherweise bestehenden Dissense bleibt aber für alle Fußballanhänger, -vereine und -spieler das unverrückbare Dogma, dass jedenfalls die richtige Tatsachenentscheidung bestandsfest ist. Anteilsmäßig sind dies in einem Spiel über 99% aller Entscheidungen des Schiedsrichters. Ebenso unverrückbar ist das Postulat, dass der Fußball nicht auf dem Altar des Rechts geopfert werden darf.

Teil IV: Rechtsprechung und Rechtslehre zu den Fehlentscheidungen

Kapitel 1: Die Praxis der Rechtsprechung der Verbandsgerichte

Vorbemerkung:
Nachstehend sind eine Reihe von Entscheidungen von unterschiedlichen Verbänden im Volltext abgedruckt, nicht zuletzt um zu dokumentieren, dass die Sportrechtsprechung ihre Urteile entsprechend denen der staatlichen Gerichte bzw. der echten Schiedsgerichte formgerecht und stilecht begründet. Es folgen dann noch einige Verbandsentscheidungen nur mit den Leitsätzen. Alle Entscheidungen werden durch Anmerkungen abgeschlossen, die die jeweiligen Besonderheiten der Fälle herausstellen.

Hinweis: Nach jeder Entscheidung folgt jeweils eine Anmerkung und danach ein Text „Ergebnis" mit Tatsachenentscheidung = TE, Regelverstoß = RV, wobei das JA oder NEIN sich auf den Erfolg des Einspruchs bezieht.

„Phantom-Tor": Tatsachenentscheidung/Regelverstoß 1

Das DFB-Sportgericht hat in dem Protestverfahren zum Spiel FC Bayern München gegen den 1. FC Nürnberg am 26. 4. 1994 für Recht erkannt:

1. *Auf den Einspruch des 1. FC Nürnberg gegen die Wertung des Bundesliga-Meisterschaftsspieles FC Bayern München gegen den 1. FC Nürnberg am 23. 4. 1994 wird die Spielwertung dieses Spieles aufgehoben.*
2. *Das Spiel ist neu anzusetzen. …*

Az.: Entscheidung Nr. 125/93/94 – nicht veröffentlicht –

Tatbestand:

1. Am 23.4. 1994 fand das Bundesliga-Meisterschaftsspiel FC Bayern München gegen den 1. FC Nürnberg statt, das von Schiedsrichter Hans-Joachim Osmers geleitet wurde. Ihm standen die Linienrichter Jablonski und Byernetzki zur Seite.

Das Spiel endete 2:1 für den FC Bayern.

Etwa in der 25. Spielminute ereignete sich folgender Vorfall:

Ein Münchener Spieler führte – von der linken Seite des Nürnberger Tores aus gesehen – einen Eckball aus. Ein weiterer Münchener Spieler, der etwa im Torraum stand, verlängerte den Eckball mit dem Kopf. Vor dem rechten Torpfosten des Nürnberger Tores stand in geringer Entfernung und mit dem Rücken zum Tor der Münchener Spieler Helmer. Ihm sprang nach der Verlängerung des Eckstoßes mit dem Kopf der Ball hinten an das Bein. Der Nürnberger Torwart Köpke führte einen Hechtsprung in seine rechte Torecke aus, ohne den Ball zu berühren. Unmittelbar danach oder fast gleichzeitig beförderte Helmer den Ball mittels Absatzkick ins Toraus, wobei der Ball verhältnismäßig langsam außerhalb des Tores über die Torauslinie rollte und nach etwa 1 bis 1½ Metern liegen blieb.

Schiedsrichter Osmers, der im Zweifel war, ob der Ball nach dem ersten Ballkontakt Helmers oder als Köpke hechtete, die Torlinie vielleicht überquert hatte, blickte, um sich evtl. Gewißheit zu verschaffen, nach Linienrichter Jablonski, der unmittelbar an der Eckfahne stand.

Weil der Linienrichter der Auffassung war, der Ball sei durch den Absatzkick Helmers ins Tor befördert worden, hob er seine Fahne und lief in Richtung Mittellinie. Daß der Ball bei dieser Situation die Torlinie zwischen den Torpfosten nicht überschritten hatte, hatte Schiedsrichter Osmers deutlich erkannt. Er war jedoch der Meinung, Linienrichter Jablonski wolle ihm anzeigen, daß der Ball nach der ersten Berührung durch Helmer und beim Hechtsprung Köpkes im Tor gewesen sei, wie der Schiedsrichter es für möglich gehalten hatte. Linienrichter Jablonski hatte jedoch eindeutig erkannt, daß dies nicht der Fall war.

Schiedsrichter Osmers entschied, obwohl aus dem Verhalten aller Spieler und Zuschauer deutlich zu erkennen war, daß ein Tor nicht erzielt worden war, und ohne Linienrichter Jablonski zu befragen, auf Tor für den FC Bayern München.

Dieser Sachverhalt ist unstreitig. Er folgt aus der übereinstimmenden Darstellung des 1. FC Nürnberg, Schiedsrichter Osmers und Linienrichter Jablonskis.

2. Der FC Nürnberg hat am 25. 4. 1994 unter gleichzeitiger Einzahlung der Gebühr gemäß § 25 Nr. 2 c) DFB-Spielordnung Einspruch gegen die Spielwertung eingelegt und die Anordnung einer Spielwiederholung beantragt.
Der Verein meint, mit der Torentscheidung für FC Bayern München in der 25. Spielminute habe Schiedsrichter Osmers gegen die Fußballregeln V, VI und X verstoßen. ...

Entscheidungsgründe
Der Einspruch ist form- und fristgerecht eingelegt und begründet.
Die Torentscheidung von Schiedsrichter Osmers in der 25. Spielminute für den FC Bayern München war regelwidrig.

1. Gemäß Regel X muß der Ball, um ein Tor zu erzielen, die Torlinie zwischen Torpfosten und der Querlatte vollständig überquert haben. Dies war unstreitig nicht der Fall.

2. Nach Regel X 1. Halbsatz kann ein Tor aber auch auf andere Art „erzielt" werden. Gemeint ist damit offensichtlich eine Torentscheidung des Schiedsrichters nach Regel V Absatz 2, Satz 2. Nach dieser Bestimmung sind Entscheidungen des Schiedsrichters über Tatsachen, die mit dem Spiel zusammenhängen, endgültig, d. h., nicht angreifbar, soweit es um das Spielergebnis geht (sog. Tatsachenentscheidung).
Dies bedeutet, daß der Schiedsrichter wirksam und unanfechtbar auf Tor entscheiden kann, wenn er feststellt, daß ein Ball die Torlinie zwischen Torpfosten und Querlatte vollständig überquert hat. Dies gilt selbst dann, wenn er sich bei dieser Tatsachenfeststellung geirrt hat.
Im vorliegenden Fall hat Schiedsrichter Osmers, wie er selbst erklärt, jedoch überhaupt keine Feststellung getroffen. Er hielt es lediglich für möglich, daß der Ball nach dem ersten Kontakt Helmers und beim Hechtsprung Köpkes die Torlinie überschritten haben könnte. Er war im Zweifel, ob dies der Fall war.
Um diese Zweifel zu beseitigen, wandte er sich mit Blickkontakt an Linienrichter Jablonski.
Dies hält das Sportgericht des DFB zwar trotz gewisser Bedenken, die sich aus der Anweisung für Schiedsrichter Nr. 2 zu Regel X und aus Regel VI ergeben, für zulässig, zumal auch das Handbuch für Schiedsrichter Seite 146 Abs. 3, in Zweifelsfällen die Nachfrage beim Linienrichter zuläßt.

Wenn eine solche „Nachfrage", wie hier durch Blickverbindung, erfolgt, muß aber eindeutig gewährleistet sein, daß Schieds- und Linienrichter sich über denselben Vorfall verständigen.
Dies war hier – auch nach der Bekundung von Schiedsrichter Osmers und Linienrichter Jablonski – nicht der Fall.
Schiedsrichter Osmers „befragte" den Linienrichter, ob der Ball nach dem ersten Ballkontakt Helmers und beim Hechtsprung Köpkes die Torlinie überschritten habe, was nach der sicheren Beobachtung des Linienrichters nicht der Fall war.
Linienrichter Jablonski zeigte dem Schiedsrichter durch Heben der Fahne an, daß der Ball nach dem Absatzkick Helmers ins Tor gerollt sei, was nach der ebenso sicheren Beobachtung von Schiedsrichter Osmers auch nicht zutraf.
Beide – Schiedsrichter Osmers und Linienrichter Jablonski – gingen damit von zwei verschiedenen Spielvorgängen aus mit der Folge, daß die Feststellung, daß der Ball im Tor war, keine Tatsachenfeststellung des Schiedsrichters, sondern eine solche des Linienrichters – und dazu noch eine falsche – war.
Damit liegt auch keine unanfechtbare Tatsachenentscheidung des Schiedsrichters gemäß Regel V Abs. 2, Satz 2 vor.
Dies hat zur Folge, daß das Sportgericht des DFB überprüfen darf, ob ein Tor gemäß Regel X erzielt worden ist. Daß dies nicht der Fall war, bekunden Schiedsrichter Osmers und Linienrichter Jablonski übereinstimmend.
Die Torentscheidung von Schiedsrichter Osmers zugunsten des FC Bayern München stellt deshalb einen Verstoß gegen Regel X dar.

3. Angesichts des Spielergebnisses von 2:1 für den FC Bayern München hat dieses „Tor" zur negativen Spielwertung für den 1. FC Nürnberg geführt.
Dem Einspruch war daher stattzugeben und die Spielwiederholung anzuordnen. …

Anmerkung: In der Entscheidung stellt das DFB-Sportgericht in einer recht wagemutigen Konstruktion einen Regelverstoß wegen Nichtkontaktierens des Linienrichters durch den Schiedsrichter auf; es scheint, dass ein Ausweichversuch erfolgt ist, um von der Endgültigkeit einer Tatsachenentscheidung wegzukommen.

Ergebnis: JA (RV)

Falsche Torentscheidung/Tatsachenentscheidung/bewusst falsche Entscheidung des Schiedsrichters 2

Das DFB-Bundesgericht hat in dem Protestverfahren zum Spiel FC Gelsenkirchen-Schalke 04 gegen Hamburger SV am 19. 10. 1994 für Recht erkannt:

Die Berufung des FC Gelsenkirchen-Schalke 04 wird zurückgewiesen. …

Az.: Entscheidung Nr. 3/94/95 – nicht veröffentlicht –

Gründe:
Durch Urteil vom 13. September 1994 hat das Sportgericht den Einspruch des FC Gelsenkirchen-Schalke 04 gegen die Wertung des Bundesliga-Meisterschaftsspieles gegen den Hamburger SV vom 27. 8. 1994 im schriftlichen Verfahren zurückgewiesen mit der Begründung, bezüglich des streitigen Tores des HSV liege eine sogenannte Tatsachenentscheidung des Schiedsrichters vor, so daß das Spielergebnis und demnach die Spielwertung endgültig seien.
Hiergegen hat der FC Gelsenkirchen-Schalke 04 ordnungsgemäß Berufung eingelegt. Der Berufungskläger beanstandet, daß in 1. Instanz ohne mündliche Verhandlung entschieden worden sei. Der Ball sei auch hinter der Torlinie im Tor gewesen. Das habe der Schiedsrichter bei seiner Entscheidung, kein Tor zu geben, bereits genau gewußt, wie er nach dem Spiel auf dem Bahnsteig in Essen gegenüber dem Schalker Spieler Jens Lehmann zugegeben habe.
Die zulässige Berufung konnte in der Sache keinen Erfolg haben. …
Die Beweisaufnahme hat kein anderes Ergebnis in den Feststellungen zum Tatgeschehen erbracht, als dies bereits in 1. Instanz entscheidungserheblich war.
Danach hat der Zeuge, Schiedsrichter Eugen Strigel, eindeutig und unwiderlegt glaubhaft bekundet, daß er den Flug des Balles in Richtung des Hamburger Torhüters Stein genau verfolgt hat und zur Überzeugung gelangt war, daß der Ball nicht in vollem Durchmesser die Torlinie überschritten hatte, als er ins Spielfeld zurück abgewehrt wurde.
Die Überzeugung, dass der Ball anerkennungsfähig bereits im Tor gewesen sei, habe er zu keinem Zeitpunkt gehabt. Die gegenteilige Behauptung des Zeugen Jens Lehmann unter Hinweis auf eine Äußerung auf dem Bahnsteig in Essen sei nicht zutreffend.

Die gehörten Zeugen dieses Gespräches haben eine Erklärung, wie sie der Zeuge Lehmann angibt, nicht bestätigt. Der Zeuge Lehmann mußte einräumen, daß er vom Verein gebeten wurde, Tage danach bei Schiedsrichter Strigel mit dem Vorhalt dieser Behauptung anzurufen. Der Zeuge Strigel hat dabei die Behauptung als nie erklärt zurückgewiesen. Der Zeuge Lehmann mußte dies auch zugestehen.
Mithin hat der Berufungskläger den ihm obliegenden erforderlichen Beweis einer bewußt falschen Torentscheidung des Schiedsrichters, einer Manipulation, die keine Tatsachenentscheidung wäre, nicht geführt. …

Anmerkung: Es liegt ein Musterbeispiel für eine endgültige Tatsachenentscheidung des Schiedsrichters vor.

Ergebnis: NEIN (TE)

3 Irrtümliches Zeigen von Gelb-Rot durch den Schiedsrichter/Spielrelevanz bei Reduzierung der Spielerzahl

Das Sportgericht des DFB hat im Einspruchsverfahren betreffend das 2. Liga-Spiel VfB Leipzig gegen Chemnitzer FC am 11. 6. 1995 für Recht erkannt:

1. ***Auf den Einspruch des VfB Leipzig gegen die Wertung des Meisterschaftsspieles der 2. Bundesliga zwischen dem VfB Leipzig und dem Chemnitzer FC am 11. Juni 1995 wird die Wertung des Spieles aufgehoben. …***
2. ***Das Spiel ist neu anzusetzen. …***

Az.: Entscheidung Nr. 160/94/95 – nicht veröffentlicht –

Tatbestand:
Am 11. Juni 1995 fand das Meisterschaftsspiel der 2. Bundesliga VfB Leipzig gegen Chemnitzer FC statt, das 3:2 für Chemnitz endete. Das Spiel wurde von Schiedsrichter Prengel geleitet. Als Linienrichter waren die Schiedsrichter Schweitzer und Bur am Orde eingesetzt.
Der VfB Leipzig hat mit Fax vom 12. Juni 1995 beim Sportgericht des DFB Einspruch gegen die Spielwertung eingelegt und gleichzeitig die Einspruchsgebühr eingezahlt.
Der Verein behauptet, Schiedsrichter Prengel sei ein Regelverstoß unterlaufen, weil er in der 75. Spielminute beim Spielstand von 3:1 für Chemnitz dem Leipziger Amateurspieler Werner zunächst die gelb-rote Karte und – nachdem er festgestellt habe, daß Werner noch nicht verwarnt war – die rote Karte gezeigt habe.

Der Feldverweis Werners habe das Endergebnis des Spiels als für Leipzig verloren beeinflußt.
Der Verein beantragt deshalb, die Spielwertung aufzuheben und das Spiel neu anzusetzen.
Der Chemnitzer FC beantragt, den Einspruch zurückzuweisen.
Während Chemnitz das tatsächliche Vorbringen hinsichtlich des Verhaltens von Schiedsrichter Prengel nicht bestreitet, meint der Verein, der Feldverweis Werners habe auf das Spielergebnis keinen entscheidenden Einfluss gehabt.
Wegen des weiteren Vorbringens der beiden Vereine wird auf den Inhalt der Sitzungsniederschrift Bezug genommen.

Entscheidungsgründe:
Der Einspruch ist form- und fristgerecht eingelegt. Er ist auch begründet. Schiedsrichter Prengel ist mit dem Feldverweis des Amateurspielers Werner ein Regelverstoß unterlaufen, der das Spielergebnis mit hoher Wahrscheinlichkeit als für Leipzig verloren beeinflußt hat.

Regelverstoß
Schiedsrichter Prengel hat in der75. Minute beim Stande von 3:1 für Chemnitz den Amateurspieler Werner zu Unrecht – weil unter Verletzung von Regel XII n – des Feldes verwiesen.
Der Einspruchsführer hat nachgewiesen, daß der Schiedsrichter nach einem unsportlichen Verhalten des Amateurspielers Werner – gegen den das Sportstrafverfahren auf Antrag des Kontrollausschusses eingestellt worden ist – diesem zunächst die gelb-rote Karte gezeigt hat. Damit hat Schiedsrichter Prengel zu erkennen gegeben, daß er das Vergehen des Spielers als verwarnungswürdig gemäß Regel XII j-m, nicht jedoch als feldverweiswürdig gemäß Regel XII n-p gewertet hat. Ein Feldverweis mit gelb/roter Karte ist dem Schiedsrichter nämlich nur möglich, wenn der Spieler einen zweiten mit einer Verwarnung zu ahndenden Verstoß begeht, nachdem er bereits verwarnt worden ist (Regel XII q).
Ein erstes verwarnungswürdiges Vergehen darf aber nach Regel XII nicht zum Feldverweis führen. Spricht der Schiedsrichter trotzdem einen Feldverweis aus, sei es mit roter oder gelb-roter Karte, so verstößt er gegen die Regel. …

Anmerkung: Der Schiedsrichter versuchte in diesem Fall, seine getroffenen Fehlentscheidungen durch eine regelkonforme, aber in Wahrheit nicht gewollte Entscheidung zu ersetzen.

Dem Einspruch sei stattzugeben, da der Schiedsrichter regelwidrig gehandelt hat.

Ergebnis: JA (RV)

4 Handballspiel/Wechselfehler/Spielwertung

DHB-Bundesgericht, Urteil vom 16. 7. 1996 (BG 6/96)

Fundstelle: SportR 15/19/5

Das Entscheidungsspiel am 27. 4. 1996 um den Aufstieg in die zweite Bundesliga zwischen den Damenmannschaften von Or. und Os. endete mit 16:17 für Os. Kurz vor Spielschluß war eine Spielerin von Os. hinausgestellt worden. Die Hinausstellungszeit war bei Spielschluß noch nicht abgelaufen. Or. und Os. streiten darüber, ob die hinausgestellte Spielerin etwa 20 Sekunden vor Spielschluß wieder eingewechselt worden ist. Unstreitig haben dies weder Zeitnehmer und Sekretär noch die Schiedsrichter bemerkt. Die Schiedsrichter haben das Spiel ohne Unterbrechung bis zum Ende geleitet. Sie wurden erst nach Spielende mit der Behauptung des fehlerhaften Wechsels konfrontiert.
Or. legte gegen die Wertung des Spiels Einspruch mit der Begründung ein, die hinausgestellte Spielerin von Os. sei etwa 20 Sekunden vor Spielschluß eingewechselt worden, obwohl – unstreitig – die Zeitstrafe erst nach Spielende abgelaufen gewesen wäre.
Das Verbandssportgericht gab nach Zeugenvernehmung und Ablehnung der Videoaufzeichnung als Beweismittel dem Einspruch statt und wies die spielleitende Stelle an, das Spiel neu anzusetzen. Gegen dieses Urteil legte Os. Berufung beim Verbandsgericht des Südwestdeutschen Handball-Verbandes (SWHV) ein und beantragte, das Spiel wie ausgetragen zu werten, weil ein Regelverstoß nicht vorlag. Das Verbandsgericht hob mit Urteil vom 9. 6. 1996 das Urteil des Verbandssportgerichts vom 7. 9. 1996 auf. Das 1. Entscheidungsspiel um den Aufstieg in die 2. Bundesliga zwischen dem 1863 Or. und der TG Os. vom 27. 4. 1996 wurde wie ausgetragen gewertet.
Gegen dieses Urteil legte Or. Revision ein. Das Bundesgericht des DHB wies die Revision als unbegründet zurück.

Aus den Gründen:
... I. Es kann dahinstehen, ob die Videoaufzeichnung vom hier in Rede stehenden Spiel als Beweismittel zugelassen war oder ob neben Schiedsrichtern, Sekretär und Zeitnehmer weitere Zeugen zu vernehmen waren.

Es kommt für die hier zutreffende Entscheidung darauf nicht an, weil der Regelverstoß mit spielentscheidender Wirkung unterstellt werden kann, ohne daß dadurch die Revision begründet ist.

II. Zwischen allen Beteiligten ist unstreitig, daß weder die Schiedsrichter noch Zeitnehmer oder Sekretär den Wechselfehler bemerkt haben. Deshalb ließen die Schiedsrichter das Spiel auch weiterlaufen.
Dem Berufungsgericht ist zuzugeben, daß dadurch ein Regelverstoß durch die Schiedsrichter nicht eintreten konnte; denn dieser setzt begrifflich voraus, daß die Schiedsrichter eine Entscheidung aufgrund vorangegangener Wahrnehmung treffen. Mag auch objektiv ein Regelverstoß vorliegen, so kann er nur geahndet werden, wenn die Schiedsrichter diesen Regelverstoß selbst begangen haben, d.h. in Kenntnis eines von ihnen wahrgenommenen Sachverhaltes eine Entscheidung getroffen haben, die im Widerspruch zum Regelwerk steht. Einen Verstoß gegen die Regeln, der von den Schiedsrichtern nicht wahrgenommen wird, beeinflußt die Spielwertung nicht.
Das folgt aus dem Grundsatz, der so selbstverständlich ist, daß er nicht einmal niedergelegt zu werden braucht: „Die Schiedsrichter können nur das pfeifen, was sie sehen."
Dieser Rechtsgrundsatz ist den Schiedsrichterentscheidungen immanent. Wollte man erreichen, daß die Schiedsrichter über Tatbestände Entscheidungen treffen sollen, die sie nicht gesehen haben, so wäre dies sinnwidrig und mit sportlicher Fairneß, auf die auch Schiedsrichter Anspruch haben, nicht zu begründen.
Wenn die Schiedsrichter etwas nicht sehen und dies nicht pfeifen, kann darauf ein Einspruch nicht begründet werden. Die Schiedsrichter lassen das Spiel laufen und so wie es weiterläuft, ist es von den Beteiligten hinzunehmen. Eine Anfechtung des Spielergebnisses kann sich darauf nicht stützen. …
Von dem Grundsatz, daß die Schiedsrichter nur das pfeifen können, was sie selbst sehen, kann nur durch im Regelwerk selbst geregelte Fälle abgewichen werden. Eine solche Regelung ist im Regelwerk beim Wechsel und bei der Überwachung der Zeit für hinausgestellte Spieler vorgesehen, indem für diese Aufgaben Zeitnehmer und Sekretär als Gehilfen der Schiedsrichter diese auf etwaige Verstöße aufmerksam machen können. Die Schiedsrichter haben dann zu entscheiden, ob sie eine vom Zeitnehmer/Sekretär gemeldete Tatsache übernehmen oder, im Hinblick auf eigene Wahrnehmungen, nicht übernehmen.

Auf den vorliegenden Fall bezogen bedeutet dies, daß eine Änderung des Spielergebnisses oder eine Neuansetzung des Spieles nicht erfolgen kann, selbst wenn Zeitnehmer und Sekretär den Regelverstoß hätten wahrnehmen können, aber nicht wahrgenommen haben. Den Schiedsrichtern wurde von dem Regelverstoß nichts mitgeteilt, so daß sie keine Entscheidung getroffen haben und auch keine Entscheidung treffen konnten. Auch Trainer und Betreuer von Or. haben offenbar den Wechselfehler nicht bemerkt, denn erst nach Ende des Spiels ist dies den Schiedsrichtern mitgeteilt worden.

Die Entscheidung mag hart sein, weil wohl dem Anschein nach ein Wechselfehler vorzuliegen scheint, der – wenn er denn vom Zeitnehmer oder Sekretär wahrgenommen worden wäre – zu einer Neuansetzung des Spiels geführt hätte. Im Interesse eines geordneten Spielbetriebes konnte aber das Bundesgericht eine anderweitige Entscheidung nicht treffen, denn sie entspricht – wie vorher ausgeführt – den Regeln des Handballsports. ...

Anmerkung: Der Schiedsrichter könne nicht über Tatsachenentscheidungen urteilen, die er nicht gesehen hat; dies sei den Regeln des Handballspiels immanent.

Ergebnis: NEIN (TE)

5 Handball/Bundesligaspiel/Schiedsrichter-Regelverstoß/Spielwertung

DHB-Bundesgericht, Urteil vom 30. 11. 1996 (BG 10/96)

Fundstelle: SportR 15/19/6

Das Spiel Nr. 1022 der Bundesliga Männer zwischen der SG W und dem TBV L am 25. 9. 1996 endete mit 30:29 Toren für die SG W.

Der TBV L hat beim Bundessportgericht Einspruch gegen die Wertung dieses Spiels eingelegt und beantragt, das Spiel nicht zu werten, sondern es neu anzusetzen, da den Schiedsrichtern S. und Sch. ein spielentscheidender Regelverstoß unterlaufen sei. Anstatt gemäß Regel 17:3f und 17:5 Abs. 2 auf Hinausstellung von zwei Spielern wegen eines Regelverstoßes zu entscheiden, hätten die Schiedsrichter nur einen Spieler der SG W hinausgestellt.

Aufgrund des Einspruchs hat das Bundessportgericht in mündlicher Verhandlung Beweis erhoben durch Vernehmung der Schiedsrichter S. und Sch. als Zeugen. Diese haben den Regelverstoß eingestanden. Das

Gericht hat daraufhin die Wertung des Spiels aufgehoben und die Neuansetzung durch die spielleitende Stelle angeordnet:

Aus den Gründen:
... I. Auch das Bundesgericht hält, wie das Bundessportgericht, den Regelverstoß für spielentscheidend.
Zutreffend hat das Bundessportgericht darauf hingewiesen, und insoweit ist auch der SG W zuzustimmen, daß nicht jeder Regelverstoß dazu führt, eine Spielwertung aufzuheben und ein Spiel neu anzusetzen.
Hier ist dieses jedoch der Fall und greifen demgegenüber die anderslautenden Angriffe der SG W gegen das angefochtene Urteil des Bundessportgerichts nicht durch.

II. Spielstand sowie Torfolge in der Phase des Regelverstoßes können entgegen der Auffassung der SG W schon allein um deswillen nicht maßgeblich sein, weil zu diesem Zeitpunkt das Spiel noch gar nicht „entschieden" war. Rein begrifflich bereits geht eine solche Betrachtungsweise somit fehl. Deshalb kann es dahingestellt bleiben, ob der Spielstand im Zeitpunkt des Regelverstoßes 17:19 oder 17:18 für den TVB L lautete.
Vielmehr kommt es zunächst darauf an, ob das nicht geahndete Fehlverhalten gegen die Regeln, eben der Regelverstoß, einen anderen als den tatsächlichen Spielverlauf hinreichend wahrscheinlich sein läßt. Daran können hier keine Zweifel bestehen. Denn aus den Überzahlverhältnissen, wie sie sich bei korrekter Regelanwendung zugunsten des TBV L ergeben hätten und vom Bundessportgericht aufgrund der Eintragungen im Spielbericht richtig festgestellt worden sind, nämlich 55 Sekunden ... mit 6:3 statt 6:4, 43 Sekunden ... mit 5:3 statt 5:4, 19 Sekunden ... mit 5:3 statt 5:4, 3 Sekunden ... mit 5:3 statt 5:4, ergibt sich mit hoher Wahrscheinlichkeit, daß ein anderer für den TBV L günstigerer Spielverlauf möglich war als derjenige, wie er tatsächlich erfolgte.
Auch der von der SG W angeführte Torerfolg zum 18:19 während dieser Phase spricht nicht für eine Begünstigung des TBV L. Vielmehr ist dieses ein Argument gegen ihn. Denn es war kein Tor für den TBV L; es war ein Tor gegen ihn. Gerade darin aber liegt der Nachteil, den der TBV L aus dem Regelverstoß gehabt hat. Insofern stützt dieser Hinweis der SG W mehr die Argumentation des TBV L als die eigene.
Weiter ist der SG W entgegenzuhalten, daß es eine Bestimmung, die einem Regelverstoß spielentscheidende Bedeutung nur zumißt, wenn er in der Schlußphase oder in der letzten Spielminute oder den letzten Spielminuten erfolgt, nicht gibt.

Das Kriterium dafür, ob der Regelverstoß, dessen Voraussetzungen vorstehend näher umschrieben worden sind, entscheidend ist, ergibt sich ausschließlich aus der Verbindung zum Endergebnis des Spieles. Allein dadurch wird der Ausnahmecharakter des § 28 Nr. 2 RO/DHB gesichert. Dies wird in der entgegenstehenden Argumentation der SG W verkannt. Nur die einheitliche Beurteilung eines zwar hypothetischen, aber mit hoher Wahrscheinlichkeit anzunehmenden Spielverlaufes in Verbindung mit dem Spielendergebnis sichert eine sportlich gerechte Entscheidung. …

III. Das Bundessportgericht hat den Tatbestand eines hypothetischen mit hoher Wahrscheinlichkeit für den TBV L günstigeren Spielverlaufes nachvollziehbar dargestellt und in Verbindung mit dem knappen Spielendstand den Regelverstoß für spielentscheidend gehalten. Das Bundesgericht stimmt dem in vollem Umfange zu.
Die Revision der SG W war daher als unbegründet zurückzuweisen. …

Anmerkung: Kausalität einer auf regelwidrige Weise entstandene Überzahl eines Teams bei knappem Torverhältnis.

Ergebnis: JA (RV)

6 Gerichtliche Nachprüfung von Verbandsentscheidungen/ Neuansetzung eines Pokalspieles

Landgericht Chemnitz, Urteil vom 24. 4. 1997, Az.: 5 O 1895/ 97 (rechtskräftig)

Fundstelle: SpuRt 1998, 41 f.

Der Kläger, ein Fußballclub, verlangt von dem Beklagten, einem Fußball-Landesverband, in Aufhebung eines Urteils des Sportgerichts des Beklagten, klageweise die Neuansetzung eines Pokalspieles und die vorläufige Absetzung des Endspieles im Pokalwettbewerb.
Der Kläger hatte das Halbfinalspiel gegen den SC D. verloren wegen einer nach Meinung des Klägers unrichtigen Schiedsrichterentscheidung. Bei einem Torstand von 3:3 auch nach der Verlängerung wurde ein Treffer eines klägerischen Spielers im spielentscheidenden Elfmeterschießen nicht anerkannt, was entscheidend für den Ausgang des Spieles war.
Im einzelnen hat der Torwart der gegnerischen Mannschaft den Ball zwar vorläufig abgewehrt, der Ball war aber 5 Meter vor dem Torwart auf das Spielfeld aufgekommen und sei dann aus eigener Bewegungs-

kraft und ohne regelwidrige Beeinflussung eines Dritten in das Tor gerollt. Dies ergebe sich aus der sachgerechten Beurteilung der Fußballregel Nr. XIV; danach liege eine „Unmittelbarkeit" vor, da der Umweg des Balles nach dem Abprallen vom Torwart weg in Richtung Spielfeldmitte in einer Weglänge von etwa 5 Metern nur ein Vorgang von wenigen Sekunden war. Dies hätte der Schiedsrichter abwarten müssen.
Der Beklagte widersetzt sich dieser Argumentation mit dem Hinweis, daß der Ball nach dem Torschuß durch den Torwart abgewehrt worden sei, zuvor habe der Schiedsrichter auf Nicht-Tor entschieden. Die Klage wurde abgewiesen.
...
Ausgangspunkt für die materielle Entscheidung war die Findung der zutreffend anzuwendenden Fußballregeln.
Die einschlägige Regelung findet sich in den „Bestimmungen für die Spielentscheidung durch Elfmeterschießen", s. S. 92/93 der Fußballregeln, Stand 1996/1997. Denn diese sind speziell für die hier streitauslösende Schiedsrichterentscheidung zum Torschuß des Spielers Mike Sadlo erstellt.
Nicht einschlägig ist dagegen die Regel Nr. XIV – Strafstoß –, s. S. 61/62 a.a.O., mit den sich auf den S. 62/66 anschließenden Entscheidungen des International FA-Board und den anschließenden Anweisungen für den Schiedsrichter. Denn diese befassen sich speziell mit dem Strafstoß.
Die Regel Nr. XIV – Strafstoß – ist auf den hier einschlägigen Teilaspekt des Torschusses des Spielers Mike Sadlo auch nicht ergänzend anwendbar. Die Regel Nr. XIV – Strafstoß – läßt auch den Nachschuß durch den ausführenden Spieler nach Berührung oder Spielens des Balles durch einen anderen Spieler zu. Die Regel Nr. XIV – Strafstoß – verlangt also nicht einen unmittelbaren Torerfolg, sondern läßt einen solchen auch nach einer Abwehr durch den Torwart zu.
Im Gegensatz hierzu verlangen die „Bestimmungen für die Spielentscheidung durch Elfmeterschießen" verschärfend einen unmittelbaren Torerfolg des Torschusses. Dabei gilt der jeweilige Torschuß als vollzogen, wenn der Ball vom ausführenden Spieler mit oder ohne unmittelbaren Torerfolg getreten worden ist.
Weil aber gerade in diesem konkreten Punkt, der hier streitentscheidend ist, die „Bestimmungen für die Spielentscheidung durch Elfmeterschießen" und die Regel Nr. XIV – Strafstoß – völlig gegensätzliche Regelungen beinhalten, kann hier die Regel Nr. XIV – Strafstoß – auch nicht ergänzende Anwendung auf die „Bestimmungen für die Spielentscheidung durch Elfmeterschießen" finden. ...

Streitentscheidend allein ist, ob der Torschuß des Spielers Mike Sadlo zu einem unmittelbaren Torerfolg geführt hat oder ob der Torschuß zutreffend vom Schiedsrichter als abgewehrt gewertet wurde.
Die wiederholte Inaugenscheinnahme des Torschusses des Spielers Mike Sadlo, wiederholt auch in Zeitlupe gesehen, hat dem Gericht die Feststellung ermöglicht, daß der Ball abgewehrt war und der Torschuß nicht unmittelbar zum Torerfolg geführt hatte.
Der auf das Tor getretene Ball prallte vom Torwart in Richtung Spielfeldmitte nach schräg unten ab und kam nach etwa 5m auf dem Erdboden auf. Er sprang senkrecht in die Höhe, mindestens über 1m, fiel wieder in etwa auf die gleiche Stelle auf die Erde zurück und ging wieder senkrecht in die Höhe, aber nicht mehr so hoch wie beim ersten Mal, und fiel erneut in etwa auf die gleiche Stelle des Erdbodens zurück.
Während dieser Zeit lief der Spieler Mike Sadlo offensichtlich zum Nachschuß heran, besann sich aber richtigerweise eines Besseren, drehte ab und ging in Richtung Spielfeldmitte weg.
Ebenfalls in dieser Zeit verließ der Torwart das Tor.
Ebenso in dieser Zeit hatte auch der Schiedsrichter erkennbar einen Vermerk über den Torschuß auf seinem Notizzettel gemacht.
Nachdem in dieser Zeit der Ball das zweite Mal auf dem Erdboden aufgekommen war, rollte er langsam auf dem Erdboden in das leere Tor, offensichtlich aufgrund einer Eigendrehung des Balles.
Das Gericht hat bei diesem Geschehensablauf die Auffassung gewonnen, daß der Ball vom Torwart abgewehrt war, der Torschuß keinen unmittelbaren Torerfolg erzielt hatte und erst danach der Ball in das Tor rollte.
Diesem Torschuß ist daher unter zutreffender Anwendung der „Bestimmungen für die Spielentscheidung durch Elfmeterschießen“ durch den Schiedsrichter kein Torerfolg zuerkannt worden.
Weil die Entscheidung des Schiedsrichters über den Torschuß des Spielers Mike Sadlo zutreffend war und im übrigen das Ergebnis des spielentscheidenden Elfmeterschießens nicht angegriffen wird, hat der Dresdner SC 1898 e.V. den Sieg aus dem Pokal-Halbfinalspiel am 16. 11. 1996 davongetragen. …

Anmerkung: Zur Unmittelbarkeit eines Torerfolgs beim Elfmeterschießen: Das extrem ungewöhnliche Aufspringen des Balls ist durch den Schiedsrichter im Hinblick auf die geforderte Unmittelbarkeit eines Torerfolgs zu beurteilen, nicht durch das hier angerufene staatliche Gericht. Im Ergebnis war aber dieser Fehler nicht relevant.

Ergebnis: NEIN (TE)

Regeltechnischer Fehler oder Tatsachenentscheid? 7

Die Disziplinar- und Sicherheitskommission der Nationalliga des Schweizerischen Fußballverbandes hat am 19. März 1998 entschieden:

Der Protest ist zurückzuweisen. (Tatsachenentscheidung)

Fundstelle: SpuRt 1998, 132.

Sachverhalt:
Anlässlich des Meisterschaftsspiels der Nationalliga A zwischen dem FC Luzern und dem FC Zürich vom 8. März 1998 (Endresultat 2:2) erzielte der Luzern-Spieler Muri Ibrahim das 2:0 für den FC Luzern, indem er den Ball dem FC Zürich-Torhüter Ike Shorunmu, der den Ball festhielt, aus den Händen und im gleichen Zug ins Tor köpfelte. Die Schiedsrichter hatten unzweifelhaft einen Teil der Aktion nicht gesehen, jedoch entschied der Spielleiter auf Tor. Der Mannschaftsführer der FC Zürich erhob auf dem Platz Protest, und der FC Zürich bestätigte diesen Protest form- und fristgerecht. Insbesondere argumentierte der FC Zürich, da alle Schiedsrichter die fragliche Aktion (inklusive den Flug des Balles ins Tor) nicht sahen, hätte auch nicht auf Tor entschieden werden dürfen. Entscheide ein Schiedsrichter ohne Wahrnehmung des Sachverhaltes, liege ein regeltechnischer Fehler vor und nicht ein unabänderlicher Tatsachenentscheid. Die Disziplinar- und Sicherheitskommission der Nationalliga ging – ohne sich mit der juristischen Argumentation des FC Zürich auseinanderzusetzen – von einem Tatsachenentscheid des Schiedsrichters aus und wies den Protest des FC Zürich gegen die Spielwertung ab. Insbesondere wurde in Erwägung gezogen, dass der Schiedsrichter und beide Assistenten den letzten Teil der Aktion von Ibrahim, nämlich das Einschieben des Balles ins Tor, gesehen hätten. Diese Sachverhaltsdarstellung der Schiedsrichter konnte vom FC Zürich nicht widerlegt werden. Die Kommission entschied endgültig.

Aus den Erwägungen:
Die Visionierung der Fernsehbilder führt zu folgendem Beweisergebnis: Der Torhüter des FC Zürich, Ike Shorunmu, hat einen Flankenball sicher gefangen und will den Ball wieder ins Spiel zurückbringen (abschlagen).

Er hält den Ball am Körper in beiden Händen. Es naht der Spieler Muri Ibrahim (FC Luzern), welcher Ike Shorunmu den Ball aus beiden Händen „köpfelt" und ihn anschließend zum 2:0 einschieben kann.
Dass dieses Vorgehen klar gegen die einschlägigen Regeln der FIFA (...) und die Fußball-Spielregeln der SR-Kommission (1997, Regel 12 Ziff. 3.5.) verstößt und somit mit einem indirekten Freistoß zugunsten des FC Zürich hätte sanktioniert werden müssen, sei bereits an dieser Stelle erwähnt.
Zentral ist vorliegend nun aber, was der Schiedsrichter und seine Assistenten tatsächlich wahrgenommen respektive gesehen haben. Die Stellungnahmen des Schiedsrichter-Gespanns sind übereinstimmend. Weder der Schiedsrichter noch seine beiden Assistenten haben die (unerlaubte) Ballwegnahme gesehen. Es muss somit davon ausgegangen werden, dass das Schiedsrichter-Gespann im entscheidenden (kurzen) Augenblick der Ballwegnahme durch Ibrahim nicht den Ball beobachtet, sondern sich den zu erwartenden neuen Aufgaben (nach dem Abschlag) gewidmet hat. Das Einschieben des Balles wurde aber (entgegen den Ausführungen des FC Zürich) nicht durch den Schiedsrichter und beide Assistenten beobachtet.
Der zu beurteilende Fall ist einem anderen übersehenen Foulspiel oder Offside gleichzusetzen. Es ist offensichtlich, dass nicht alle derartige mit einem Mangel behafteten Entscheidungen eines Schiedsrichters zu einer Spielwiederholung führen. Dies sind eben Tatsachenentscheidungen des Schiedsrichters, welche unanfechtbar sind. Dass ein Uebersehen einer Tatsache anders gehandhabt werden müsste als eine falsche Tatbestandsaufnahme (Spieler spielt Ball mit der Brust, Schiedsrichter erkennt auf Penalty wegen Handspiel), ist nicht nachvollziehbar. Beides bezieht sich klarerweise auf den Sachverhalt und mithin auf Tatsachen.
Der Protest ist, da vorliegend von einem Tatsachenentscheid auszugehen ist, abzuweisen. ...

Anmerkung: In der Schweizer Liga „köpfelt" ein Stürmer dem Tormann den Ball aus den Händen. Da das Schiedsrichterteam dies nicht gesehen hat, wurde auf Tor erkannt.

Ergebnis: NEIN (TE) hier: möglicher Grenzfall zur offenkundig falschen Tatsachenentscheidung des Schiedsrichters

8 Hinausstellung/Unterzahl/Spielentscheidung

DHB-Sportgericht, Urteil vom 10. 11. 2000 (5/2000)

Fundstelle: SportR 15/19/9

Am 25. 10. 2000 fand das Meisterschaftsspiel Nr. 1085 der Bundesliga Männer zwischen TSV M. und SG F. statt. Es wurde von den Schiedsrichtern B. und H. geleitet.
In der 23. Spielminute schloß die M-Mannschaft einen Angriff mit einem Torerfolg zum 9:8 Zwischenstand ab. Hierbei wurde der M-Spieler A. durch ein Foulspiel des Spielers Nr. 14 von SG F verletzt. Schiedsrichter H. verwarnte den Spieler Nr. 14 durch Hochhalten der gelben Karte. Sekretär F. sah, daß der Schiedsrichter den Arm hob und daß der Spieler Nr. 14 von der Spielfläche ging. Er mißdeutete die Situation und glaubte, daß gegen den Spieler Nr. 14 auf Hinausstellung erkannt worden sei. Er trug folglich als Hinausstellungszeit 22:03 im Spielbericht ein. Sodann füllte er auf Grund einer mit Zeitnehmer R. vereinbarten Aufgabenteilung den Benachrichtigungszettel für die Tischständer aus und trug als Wiedereintrittszeit 24:03 ein. Den ausgefüllten Zettel schob er dem Zeitnehmer zu.
Zeitnehmer R. sah, daß der Spieler Nr. 14 nicht mehr auf dem Spielfeld war und hängte darauf ohne weitere Prüfungen den Zettel auf den der F.-Auswechselbank zugeordneten Ständer. Dem F.-Trainer wurde von seiner Auswechselbank schriftlich die Nachricht von der vermeintlichen Hinausstellung des Spielers Nr. 14 übermittelt. Er veranlaßte darauf abrupt, daß das Unterzahlverhältnis 6:5 sofort hergestellt wurde. Dann klärte sich bei der Mannschaftsleitung jedoch auf, dass die Anzeige der Hinausstellungszeit für den Spieler Nr. 14 eine falsche Mitteilung sein mußte. Man eilte zum Zeitnehmertisch und erhob stürmischen Protest. Mittlerweile hatte der Gegner sein Überzahlverhältnis genutzt und ein Tor zum 10:8 Zwischenergebnis geworfen. Unmittelbar nach Anpfiff des Anwurfs nach diesem Torgewinn unterbrach Schiedsrichter H. das Spiel und die Spielzeit. Beide Schiedsrichter überzeugten sich, dass der Spieler Nr. 14 nur eine Verwarnung erhalten hatte. Schiedsrichter B. wies nun den Sekretär an, die Eintragung über die Hinausstellung im Spielbericht zu streichen. Sodann wurde das Spiel mit Freiwurf für den SG F. fortgesetzt. Der SG F. konnte in der 2. Halbzeit den Ausgleich wieder herstellen und vermochte sodann fünfmal in Führung zu gehen, verlor aber schließlich mit 25:23 Toren das Spiel.
Mit seinem Einspruch hat der SG F. beantragt, das Spiel nicht zu werten, sondern es neu anzusetzen.

Aus den Gründen:
1. Der Einspruch ist zulässig. …

2. Dem Einspruch muß jedoch der Erfolg versagt bleiben.
Das im Sachverhalt unter 1. festgestellte fehlerhafte Verhalten von Sekretär und Zeitnehmer erfüllt nicht den Tatbestand einer unberechtigten Maßnahme im Sinne von § 28 Ziff. 2 RechtsO/DHB.
Weder Sekretär noch Zeitnehmer haben eigenständig eine Hinausstellung angeordnet. Sie haben auf Grund eines persönlichen Irrtums fälschlich die Auswechselbank des Einspruchsführers über das zeitliche Ende einer Hinausstellung für den Spieler Nr. 14, die von den Schiedsrichtern nicht ausgesprochen worden war, benachrichtigt. Sie haben damit für Verwirrung auf der Auswechselbank des SG F. gesorgt.
Die Mannschaftsleitung des Einspruchsführers mußte aber kraft eigener Regelkenntnis wissen, daß die Gehilfen der Schiedsrichter keine Hinausstellung anordnen konnten, zumal sie ja wußten, daß die Schiedsrichter auf keine Hinausstellung des Spielers Nr. 14, sondern auf eine Verwarnung dieses Spielers erkannt hatten.
Die sofortige Herausnahme des für J. eingesetzten Auswechselspielers zwecks Herstellung des Unterzahlverhältnisses von 6:5 war daher eine Überreaktion der Mannschaftsleitung.
Da jede Mannschaft sich gemäß den Regeln 4:4, 4:5 in eigener Verantwortung ohne zusätzliche Meldung beim Zeitnehmer/Sekretär ergänzen kann, war es der Mannschaftsleitung des Einspruchsführers auch freigestellt, sofort das Unterzahlverhältnis zu beenden.
Das Fehlverhalten von Sekretär und Zeitnehmer war Ursache für die Überreaktion der Mannschaftsleitung, stellt aber keinen unberechtigten Eingriff in den Spielablauf dar, denn deren Handlung fehlte die Anordnungswirkung und entband daher nicht die Mannschaftsleitung von ihrer Eigenverantwortlichkeit.
Im übrigen konnte auch nicht festgestellt werden, daß die Folgen des Vorfalls von spielentscheidender Bedeutung waren, wie § 28 Ziff. 2 RechtsO/DHB für die Anordnung einer Spielwiederholung voraussetzt.
In der Beweisaufnahme konnten keine Anhaltspunkte für einen zwingenden Zusammenhang des Vorfalls mit der Niederlage der F.-Mannschaft ermittelt werden. Auf Grund der Ablaufschilderung in der Einspruchsbegründung des Spielberichts steht fest, daß das Unterzahlverhältnis nur während 2 Spielzügen bestand und mit dem Tor zum 10:8 für TSV M. endete. Mit diesem Tor konnte die gegnerische Mannschaft nach einem 4-Tore-Rückstand bei 1:5 ihre Aufholjagd bis zum 5-Tore-Vorsprung bei 14:9 fortsetzen. Das fehlerhafte Verhalten der Schiedsrichtergehilfen fiel also in eine Spielphase, in der M. bereits dominierte. Die Schwäche der F.-

Mannschaft wurde somit nicht erst durch den Vorfall ausgelöst, sondern bestand schon. Wie das Tore-Protokoll weiterhin zeigt, konnte SG F. in der 2. Halbzeit diese Schwäche überwinden und 5 Mal in Führung gehen. Anzeichen für ein Nachwirken des Unterzahlverhältnisses in der 2. Halbzeit sind daher nicht ersichtlich.
Der Einspruch ist folglich als unbegründet zurückzuweisen. ...

Anmerkung: Fehlende Auswirkung eines Unterzahlverhältnisses, das auf den Fehler eines Schiedsrichters zurückgeht, bei Überlegenheit der anderen Mannschaft.

Ergebnis: NEIN (TE)

Status des Ersatzspielers/Forfait-Entscheidung/Spielwiederholung 9

Entscheid der NL-Disziplinarkommission vom 23. Dezember 2000 in der Protestsache FC Neuchâtel Xamax gegen den FC Zürich (Auszug)

Fundstelle: SpuRt 2000, 126 ff.

Das Beweisverfahren hat ergeben, dass der Protestbeklagte auf der Matchkarte vom 12. Dezember 1999 acht Ausländer aufgeführt hatte. Unbestritten und erwiesen ist zudem, dass der Protestbeklagte seit dem 11. September 1999 regelmäßig mehr als sieben Ausländer auf den Matchkarten aufgeführt hatte.
Der Kapitain des Protestklägers hat ausgesagt, er habe anlässlich der Begegnung vom 12. Dezember 1999 kurz nach dem Shakehands dem Schiedsrichter im Mittelkreis des Spielfeldes mitgeteilt, dass von Seiten des FC Neuchâtel Xamax Protest eingelegt werde, weil auf der Matchkarte des FC Zürich acht statt der erlaubten sieben Ausländer aufgeführt seien. Gemäss Aussage des Schiedsrichters habe er daraufhin den sich ebenfalls im Mittelkreis befindenden Kapitän des FC Zürich über den Protest sowie den Protestgrund in Kenntnis gesetzt. Der Kapitän des FC Zürich habe zwar spontan gefragt, ob er „noch einen streichen könne“, jedoch habe dieser nicht insistiert, als er ihm zur Antwort gab, „jetzt beginnen wir“. Der rechtzeitige Spielbeginn sei sehr wichtig gewesen, da eine Verspätung ebenfalls einen Protestgrund hätte darstellen können.
Der Kapitän des FC Zürich hat ausgesagt, er habe gegenüber dem Schiedsrichter auf die Protesteinlegung nichts erwidert. Er sei nach der Platzwahl zu seinem Trainer gelaufen und habe ihn über den Protest orien-

tiert. Er habe vom Trainer keine Anweisungen erhalten, wie auf den Protest zu reagieren sei.
Der Trainer des FC Zürich hat anlässlich seiner Einvernahme bestätigt, dass nicht weiter über den Protest diskutiert wurde. Er habe auch keine Zeit gehabt, präventiv einen Spieler von der Bank zu nehmen. Er sei sich keines Fehlers bewusst gewesen. Einerseits habe seit dem 11. September 1999 niemand bei ihm gemeldet, dass die Matchkarten fehlerhaft seien, zum andern sei in den Mitteilungen der NL, welche jeweils zu Beginn der Saison (in casu im Juni 1999) verschickt werden, betreffend wichtiger technischer Punkte nicht erwähnt worden, dass maximal sieben Ausländer auf der Matchkarte aufgeführt werden dürfen. Sein reglementarisches Wissen stütze sich auf die Mitteilungen der NL. Der FC Zürich habe keinen Vorteil gehabt, wenn acht Ausländer auf der Matchkarte eingetragen worden seien. Der FC Zürich habe das Spiel mit vier Ausländern begonnen und mit zwei Ausländern beendet. Einer der ausländischen Spieler habe die letzten zwei Monate nicht gespielt. Er habe ihn einzig der Punkteprämien wegen auf die Karte gesetzt. Die besagte Bestimmung des Reglementes betreffend die Beschränkung der Ausländer auf der Matchkarte habe er nicht gekannt.
...
Gemäß Art. 3 Abs. 2 des Reglements für den Spielbetrieb der NL des SFV (nachfolgend Reglement Spielbetrieb) dürfen die Vereine der NLA in ihren 1. Mannschaften höchstens fünf Ausländer gleichzeitig einsetzen, wovon zwei durch zwei weitere Ausländer ersetzt werden können. Zudem ist gemäss derselben Bestimmung die Anzahl der Ausländer auf der Mannschaftskarte auf sieben beschränkt. Diese Vorschrift hat rechtsgültig Eingang in die Reglemente der NL gefunden. ...
Es ist erwiesen, dass die Protestbeklagte wiederholt Art. 3 Abs. 2 Reglement Spielbetrieb verletzt hat, letztmals im hier interessierenden Spiel vom 12. Dezember 1999 gegen die Protestklägerin. Es ist vorwegzunehmen, dass einzig dieser letztmalige Regelverstoss vom 12. Dezember 1999 im hier zu beurteilenden Fall als wesentlich betrachtet werden kann. Beim Entscheid, ob die Wertung des fraglichen Spiels abzuändern ist, können Reglementsverstösse in anderen Spielen nicht berücksichtigt werden.
Gemäss Art. 31 Reglement Spielbetrieb finden die Bestimmungen der Art. 72 und 73 des Wettspielreglementes des SFV (WR) auch auf den Spielbetrieb der NL Anwendung. Art. 72 und 73 WR legen die verschiedenen Forfait-Fälle fest. Aufgrund des festgestellten Sachverhaltes kommt

vorliegend einzig Art. 72/3.2 als Forfait-Fall in Frage. Nach dieser Bestimmung geht ein Spiel mit 0:3 Toren für die fehlbare Mannschaft verloren, wenn nach durchgeführtem Spiel die Annullierung des Resultats notwendig wird, weil die Spielerkontrolle oder eine Verbandsbehörde die Verwendung unqualifizierter Spieler feststellt. Die Rechtsanwendungsbehörden der NL haben diese Bestimmung im übrigen in mehreren Fällen zur Anwendung gebracht, wenn in einem Spiel mehr als fünf ausländische Spieler gleichzeitig zum Einsatz kamen. Die Protestbeklagte ist der Meinung, diese Bestimmung sei vorliegend nicht erfüllt, da der Begriff „Verwendung" im Sinne dieser Bestimmung auf einen Ersatzspieler, der das Spielfeld nicht betritt, nicht zutreffen könne. Dieser Ansicht kann nicht zu gestimmt werden. Wird ein Spieler auf der Matchkarte erwähnt, so hat der jeweilige Verein das Recht, diesen Spieler auch einzusetzen, gleichgültig, ob er von Beginn weg oder erst während dem Spiel eingesetzt wird. Auch die auf der Matchkarte aufgeführten Ersatzspieler nehmen somit an einem Fussballspiel teil. Sie sind Teil der für das betreffende Spiel gemeldeten Mannschaft und können bis zuletzt eingesetzt werden. Zudem kann nicht geleugnet werden, dass die Ersatzspieler ein wichtiges Element der Mannschaft sind. Sie bilden die Auswahl, die einem Trainer zur Verfügung steht, um mittels Auswechslungen in den Spielverlauf einzugreifen. Somit besitzt der Trainer auch verschiedene taktische Varianten, welche sich ihm je nach Zusammensetzung der ausländischen Auswechselspieler bieten. Eine andere Argumentation würde auch Art. 3 Abs. 2 Reglement Spielbetrieb widersprechen, der die Anzahl Ausländer, welche an einem Fussballspiel überhaupt teilhaben können, auf sieben beschränkt, gleichgültig, ob sie im Spiel eingesetzt werden oder auf der Ersatzbank bleiben. Die DK geht aufgrund dieser Erwägungen davon aus, dass auch Ersatzspieler als „verwendet" im Sinne von Art. 72/3.2 WR SFV gelten.

Art. 3 Reglement Spielbetrieb legt bezüglich der Verwendung ausländischer Spieler – nebst den generellen Qualifikationen, die für alle Spieler gelten – zusätzlich zwei weitere Voraussetzungen fest: es dürfen nicht mehr als fünf ausländische Spieler gleichzeitig auf dem Fussballfeld spielen, und es dürfen nicht mehr als sieben ausländische Spieler auf der Matchkarte aufgeführt sein. Es handelt sich bei diesen Beschränkungen im besagten Artikel 3 um eine sportliche Grundregel, welche von sämtlichen Klubs einzuhalten ist. Verstösst ein Verein auch nur gegen die Regel, nicht mehr als sieben Ausländer auf der Matchkarte aufzuführen, so ist diese einem Einsatz von mehr als fünf ausländischen Spielern auf

dem Feld gleichzusetzen. Er verschafft sich damit, wie bereits dargelegt, einen Vorteil gegenüber denjenigen Klubs, welche sich daran halten. Die Bestimmung von Art. 3 Abs. 2 garantiert somit eine Chancengleichheit unter den an der NL-Meisterschaft teilnehmenden Mannschaften. Die DK ist der Ansicht, dass diese Bestimmung von grundlegender Bedeutung ist. Sie war den Klubs der NL bekannt.
Die Bestimmung von Art. 3 Abs. 2 wurde anlässlich des Spiels vom 12. Dezember nicht eingehalten, weshalb ein unqualifizierter Spieler im Sinne von Art. 72/3.2 verwendet wurde.
Der Tatbestand von Art. 72/3.2 WR ist somit vorliegend erfüllt.
Es bleibt zu prüfen, ob trotz dem erfüllten Tatbestand von Art. 72/3.2 WR eine Wiederholung des Spiels in Frage kommt. Nach Art. 71/3 WR, welcher gemäss Art. 30 Reglement Spielbetrieb ebenfalls auf den Spielbetrieb der NL zur Anwendung gelangt, kann eine Wiederholung des Wettspiels angeordnet werden, wenn ein regeltechnischer Fehler des Schiedsrichters vorliegt oder der reguläre Verlauf beeinträchtigt worden ist, ohne dass einer Mannschaft ein Verschulden nachgewiesen wird.
Wie den Aussagen des Gutachters entnommen werden kann, liegt es nicht in der Kompetenz des Schiedsrichters, die Anzahl Ausländer auf der Matchkarte auf ihre Übereinstimmung mit den Reglementen zu überprüfen. Die Schiedsrichter seien gemäß den aktuellen Bestimmungen der Schiedsrichter-Kommission nicht berechtigt, über die Frage des Einsatzes von Spielern zu entscheiden. Daraus ergibt sich, dass dem Schiedsrichter im vorliegenden Fall kein regeltechnischer Fehler unterlaufen ist. Art. 33 Abs. 3 WR hält denn auch klar fest, dass die Verantwortung über den Einsatz der gemeldeten Spieler und Ersatzspieler einzig beim einzelnen Verein liegt und dass dem Schiedsrichter diesbezüglich keine Entscheidungskompetenz zukommt. Auch kann nicht behauptet werden, den FC Zürich treffe kein Verschulden für den Regelverstoß. Zwar trifft es zu, dass in den Mitteilungen, welche die Nationalliga jeweils zu Beginn der Saison durch ihr Sekretariat verschicken lässt, auf die fragliche Bestimmung über die Begrenzung der Ausländer auf der Matchkarte nicht hingewiesen wurde. Jedoch ist aus diesen Mitteilungen klar erkennbar, dass nur über „einige wichtige Punkte" orientiert werden soll. Die Mitteilungen sind als Hilfe für die Vereine gedacht und ersetzen in keiner Weise die geltenden Reglemente und entbinden die Vereine nicht von ihrer Verantwortung, die Reglementsbestimmungen zu beachten. Es wird von der Kommission als fahrlässig eingestuft, wenn sich der Verantwortliche eines Vereins einzig auf die Schreiben der NL stützt, wenn es um die Beachtung der Regle-

mentsvorschriften geht, zumal in diesen Schreiben explizit erwähnt wird, dass nur über einige Punkte orientiert werden soll. Diese Fahrlässigkeit erscheint um so evidenter, als dass eine Kontrolle der Spiele der Qualifikationsrunde durch die Nationalliga ergeben hat, dass die Protestbeklagte als einiger NLA Verein mehr als sieben Ausländer auf der Matchkarte aufgeführt hatte. Aufgrund dieser Darlegungen kommt die DK zum Schluss, dass die Voraussetzungen für eine Wiederholung des Spiels vom 12. Dezember 1999 gemäß Art. 71/3 WR nicht erfüllt sind.
Gemäß den bisherigen Ausführungen ist der Protest demnach gutzuheissen und das Meisterschaftsspiel vom 12. Dezember 1999 zwischen dem FC Neuchâtel Xamax und dem FC Zürich als mit 3:0 Forfait für den FC Zürich verloren zu werten.

Gegen den Entscheid der Disziplinarkommission der Nationalliga leitete der FC Zürich innert statuarisch festgelegter Frist gegen die NL ein Schiedsgerichtsverfahren ein (gestützt auf Art. 28 und Art. 75 ZGB / Die Disziplinarkommission ist ein Organ der selbständigen juristischen Person „Nationalliga“). ...

Anmerkung: Überschreiten der zulässigerweise eingesetzten Ausländerzahl führe zum Spielverlust.

Ergebnis: JA (RV)

2 x Gelb/Bestandsgarantie für das Ergebnis/Regelverstoß **10**

Der Berufungssenat der UEFA hat am 31. 8. 2001 wie folgt entschieden:

1. ***Die Berufung des FC Lokomotive Moskau wird zurückgewiesen. Die Entscheidung der Kontroll- und Disziplinarkammer vom 24. August 2001 wird bestätigt. ...***

– nicht veröffentlicht –

I. Am 22. 8. 2001 fand das UCL-Qualifikationsspiel FC Tirol – Lokomotive Moskau (1–1) statt. Im Anschluss an das Spiel legte der FC Tirol gegen die Spielwertung Protest ein. Nach Angaben des Protestführers hatte der Schiedsrichter in der 72. Minute den russischen Spieler Nr. 25 zum zweiten Mal verwarnt, ohne den Spieler des Feldes zu verweisen.
Mit Entscheidung vom 24. 8. 2001 hat die Kontroll- und Disziplinarkammer den Protest gutgeheissen, die offizielle Wertung annulliert und die Wiederholung des Spiels verfügt.

Ihren Entscheid begründete die Vorinstanz wie folgt:
In der 72. Spielminute des Spiels zwischen FC Tirol Innsbruck und FC Lokomotiv Moscow in der Qualifikationsphase zur UEFA Champions League 2001/2002 verwarnte der Schiedsrichter den Spieler mit der Nr. 8 der russischen Mannschaft wegen Foulspiels. Nach dem Spiel informierte der Manager des FC Tirol den Schiedsrichter, dass sein Verein Protest einlegen werde, da es zu einer Verwechslung bezüglich des in der 72. Minute verwarnten russischen Spielers gekommen sei. Laut dem Manager des österreichischen Vereines hat der Spieler mit der Nr. 25 und nicht der Spieler mit der Nr. 8 das Foul begangen und hätte daher verwarnt werden müssen. Da der Spieler mit der Nr. 25 aber bereits zuvor die gelbe Karte erhalten hatte, hätte dieser aufgrund seiner jetzt 2. gelben Karte vom Platz geschickt werden müssen.
Aufgrund der Ausführungen des österreichischen Managers sah sich der Schiedsrichter die Videoaufzeichnungen der fraglichen Szenen an und gestand daraufhin seinen Fehler ein. In seinem Bericht bestätigte er, dass er die Nr. 25 von FC Lokomotiv Moscow vom Platz stellen hätte müssen.
...

II. Gegen diese Entscheidung hat der Verein Lokomotive Moskau am 24. August 2001 die Berufung erklärt, wobei er mit Schriftsatz vom 27. 8. 2001 Aufhebung der angefochtenen Entscheidung beantragt. ...

Erwägungen:
... Die Berufung ist nicht begründet. Die Entscheidung der Kontroll- und Disziplinarkammer ist im Ergebnis rechtens. Sie ist weder aus formellen noch materiellen Erwägungen zu beanstanden.
...
In der Sache selbst entspricht die Entscheidung, auf den Protest des FC Tirol Innsbruck das Ergebnis des am 22. 8. 2002 ausgetragenen Spieles zu annullieren und das Spiel wiederholen zu lassen, dem geltenden Sportrecht. Der Berufungsantrag des FC Lokomotive Moskau, die Entscheidung der Vorinstanz vom 24. 8. 2001 aufzuheben und den Protest abzuweisen, kann keinen Erfolg haben.
Allerdings kann die Aufhebung des Ergebnisses eines ausgetragenen Spieles mit nochmaliger Spielwiederholung nur in Ausnahmefällen in Betracht kommen. Denn in aller Regel sollen die Spiele auf dem grünen Rasen entscheiden werden, wobei eine Korrektur des Spielergebnisses durch die Anordnung einer Spielwiederholung nur beim Vorliegen bestimmter Voraussetzungen erfolgen darf. Entsprechend diesem Grund-

satz ist die Überprüfung von Tatsachenentscheidungen des Schiedsrichters aufgrund eines Protestes insoweit unzulässig, als sie mit dem Spiel zusammenhängen (Regel 5 der Internationalen Spielregeln). Die Bestandesgarantie ist aus sportlichen Gründen nicht nur gerechtfertigt, sondern gar geboten. Die Attraktivität des Fussballsports beruht darauf, dass die Spiele auf dem grünen Rasen und nicht am grünen Tisch entschieden werden. Nicht zuletzt ist die Autorität des Schiedsrichters für den ordnungsgemässen Ablauf des Spielbetriebes so wichtig, dass auch objektiv unrichtige Entscheidungen in einem bestimmten Umfang hingenommen werden müssen. Mit der Unzulänglichkeit des menschlichen Beobachtungs-, Erkenntnis- und Reaktionsvermögens muss der Fussballsport leben. Die Bindungswirkung der Regel 5 bedeutet, dass die Sportgerichte die negative und positive Tatsachenentscheidung des Schiedsrichters auch insoweit hinzunehmen haben, als der Schiedsrichter von einem objektiv unrichtigen Sachverhalt ausgegangen ist. Anders als die Fehler bei der Tatsachenfeststellung unterliegen die Regelverstösse des Schiedsrichters auch soweit sie mit dem Spiel zusammenhängen der sportgerichtlichen Überprüfung. Vorliegend hat der Schiedsrichter Mario van der Ende einen derartigen Regelverstoss begangen.

Nach dem Ergebnis der vom Berufungssenat durchgeführten Beweisaufnahme kann es keinem Zweifel unterliegen, dass der Schiedsrichter in der 72. Minute des Spieles FC Tirol – FC Lokomotive Moskau dem Moskauer Spieler Nr. 25 zum zweiten Mal die gelbe Karte gezeigt hat. Der Spieler Rouslan Pimenov vom FC Lokomotive Moskau war bereits in der 48. Spielminute wegen eines von ihm begangenen Foulspiels verwarnt worden. In der 72. Spielminute beging er ein weiteres Foulspiel gegenüber dem Tirol Spieler Robert Ibertsberger (Nr. 15). Beide Spieler gingen zu Boden. Der Schiedsrichter begab sich zum Ort des Geschehens; er wurde dabei von Spielern beider Mannschaften begleitet. Der Spieler Vladimir Maminov (Nr. 8) vom FC Lokomotive Moskau ging unmittelbar neben dem Schiedsrichter, durch eine Handbewegung wurde ihm vom Schiedsrichter bedeutet, dass er sich zu entfernen habe. Der Spieler Maminov verliess daraufhin den Tatort. Als der Schiedsrichter sich weiterhin auf dem Wege zu den am Boden liegenden Spielern befand, notierte er in seinem Notizblock als verwarnten Spieler die Nr. 8, den Spieler Vladimir Maminov. In Wirklichkeit war dieser Spieler zu keiner Zeit vom Schiedsrichter verwarnt worden. Der Schiedsrichter hatte von Anfang an das Foulspiel des Spielers Nr. 25 vom FC Lokomotive Moskau durch das Zeigen der gelben Karte sanktioniert. Dem Schiedsrichter war in diesem

Augenblick nicht bewusst, dass es die zweite Verwarnung für diesen Spieler war. Keiner der beiden Schiedsrichterassistenten und auch der 4. Offizielle hatten wahrgenommen, dass hier ein feldverweiswürdiges Vergehen geschehen war. Nur der 4. Offizielle war sich nicht im klaren, ob es nicht eine zweite Verwarnung des Spielers mit der Nr. 25 gegeben hatte. Er machte den Schiedsrichter von der Seitenlinie aus durch Handbewegungen und Zurufe darauf aufmerksam, dass er etwas mit ihm zu besprechen hatte. Als der Schiedsrichter sich einige Meter auf den 4. Offiziellen, den Zeugen Ben Haverkort, zu bewegt hatte, wurde er vom Zeugen gefragt, welchen Spieler er verwarnt hätte und ob es nicht doch die Nr. 25 gewesen wäre. Der Schiedsrichter antwortete, nachdem er sich seine Aufzeichnungen im Notizbuch angesehen hatte, er hätte die Nr. 8 verwarnt. Mit dieser Antwort gab sich der 4. Offizielle zufrieden. …
Anders war das bei dem Schiedsrichterbeobachter, dem Zeugen Pauly. Dieser hatte von seinem Sitzplatz von der Tribüne aus genau beobachtet, dass der Schiedsrichter der Nr. 25 vom FC Lokomotive Moskau zum zweiten Mal die gelbe Karte gezeigt hatte. Mit seinem Handy nahm er Kontakt mit dem Verbindungsmann des österreichischen Verbandes auf. Es gelang ihm aber nicht, vor der Spielfortsetzung den Schiedsrichter von seiner Beobachtung in Kenntnis zu setzen. …
Nach der Überzeugung des Berufungssenats hat der Schiedsrichter die Nr. 25 zum zweiten Mal verwarnt. Der Schiedsrichter hat sein fehlerhaftes Verhalten nicht nur in einem Spielbericht, sondern auch bei seiner Vernehmung als Zeuge zugegeben. Die Fernsehaufzeichnung zeigt mit aller Deutlichkeit, dass der Schiedsrichter dem Spieler Nr. 25 von Lokomotive Moskau die gelbe Karte in der 72. Minute gezeigt hat. Dieses Fehlverhalten des Schiedsrichters ist ein Verstoß gegen Regel 12 Nr. 7 der Internationalen Spielregeln. Nach dieser Bestimmung muss ein Spieler durch Zeigen der roten Karte des Feldes verwiesen werden, wenn er eine zweite Verwarnung im selben Spiel erhält. Gegen diese Regel hat der Schiedsrichter Mario van der Ende verstoßen. Dieser Verstoß ist darauf zurückzuführen, dass er den in Wirklichkeit nicht verwarnten Spieler mit der Nr. 8 zu früh in seinem Notizblock notiert hatte. Der Schiedsrichter hat keine falsche Tatsachenentscheidung getroffen, sondern sich lediglich in einem Erklärungsirrtum befunden. Die zu früh erfolgte und auch unzutreffende Notierung des Spielers Nr. 8 hat den Regelverstoß verursacht.
Daraus folgt, dass der Protest des FC Tirol Innsbruck nicht gegen eine Tatsachenentscheidung des Schiedsrichters, sondern gegen einen Regelverstoß gerichtet ist. Auf den Protest ist somit einzutreten.

Neben der Feststellung, dass der SR einen Regelverstoß begangen hat, ist für den Erfolg des Protests weiter erforderlich, dass der Verstoß die Mannschaft vom FC Tirol benachteiligt hatte und die Kausalität des Regelverstoßes gegeben war.
Bei der Prüfung, ob eine Benachteiligung eingetreten ist, muss die infolge des Regelverstoßes eingetretene Spielsituation mit der bei Beachtung der Regeln bestehenden Spielsituation verglichen werden. Die Mannschaft des Protestführers muss durch den Regelverstoss in spieltechnischer Hinsicht schlechter gestellt worden sein als es bei einem regelgerechten Verhalten des Schiedsrichters der Fall gewesen wäre. Diese Voraussetzung ist hier gegeben. Bei einem regelgerechten Verhalten des Schiedsrichters hätte dieser in der 72. Spielminute den Spieler Rouslan Pimenov des Feldes verweisen müssen. In den letzten 18 Minuten hätte der FC Tirol dann gegen nur noch 10 Spieler des FC Lokomotive Moskau spielen müssen.
Der Regelverstoß des Schiedsrichters muss letztlich einen Einfluss auf die Spielwertung gehabt haben. Die geforderte Kausalität des Regelverstoßes soll verhindern, dass jeder für den Spielablauf noch so unbedeutender Regelverstoß zu einer Spielwiederholung führt. Auf der einen Seite soll sicher gestellt werden, dass die ganz entfernte, rein theoretische Möglichkeit eines anderen Spielausgangs nicht ausreicht. Auf der anderen Seite sollen die Anforderungen aber auch nicht überspannt werden. Entscheidend ist die konkrete Spielsituation mit ihren verschiedenen Entwicklungsmöglichkeiten. Die so verstandene Kausalität ist hier gegeben. Die Möglichkeit, dass eine Mannschaft gegen 10 Gegenspieler in 18 Minuten noch 3 Tore erzielt, ist nicht von der Hand zu weisen. In einer möglichen Verlängerung hätte sich die zahlenmäßige Unterlegenheit des FC Lokomotive Moskau noch stärker auswirken können.
Auf den Protest des FC Tirol wird das Ergebnis des Spieles vom 22. 8. 01 zwischen dem FC Tirol und dem FC Lokomotive Moskau annulliert, das Rückspiel der Qualifikationsrunde zur UCL 2001/2002 ist in Innsbruck zu wiederholen. Somit haben beide Vereine die Möglichkeit, in einem neuen Spiel unter regulären Bedingungen die Qualifikation für die Teilnahme an der UEFA Champions League zu erreichen. Es besteht kein Anlass, das Spiel in einer andern Stadt anzusetzen. Im System mit Hin- und Rückspiel ist es selbstverständlich, dass jede Mannschaft ein Spiel zu Hause und ein Spiel auswärts zu bestreiten hat. Die Voraussetzungen, die für eine Austragung des Spieles in einem neutralen Land oder für die Verhängung einer Platzsperre zum Nachteil vom FC Tirol erforderlich sind, sind hier nicht gegeben.

Über den genauen Zeitpunkt des Wiederholungsspieles sowie die Verteilung der Einnahmen und Kosten hat die UEFA Administration zu entscheiden. …

Anmerkung: Regelverstoß des Schiedsrichters, wenn er statt 2x Gelb = Gelb-Rot infolge eines Irrtums über eine bereits erfolgte Verwarnung **nur** eine Gelbe Karte zeigte.

Ergebnis: JA (RV): hier liegt vielleicht doch eine Tatsachenentscheidung vor – Grenzfall –

11 Regelverstoß/Spielentscheidende Bedeutung

Nicht jeder Regelverstoß eines Schiedsrichters, Zeitnehmers oder Sekretärs hat die Anordnung einer Spielwiederholung zur Folge. (Leitsätze der Redaktion)

DHB-Bundessportgericht, Urteil vom 4. 10. 2001 (5/2001)

Fundstelle: SportR 15/19/12

Aus dem Tatbestand:
Im September 2001 fand ein Meisterschaftsspiel der 2. Bundesliga Männer, Gruppe Süd, zwischen dem HSG K. und TuSpo O. statt. In der Heimmannschaft wirkte der Spieler B. mit der Trikotnummer 17 mit, obwohl er nicht im Spielbericht eingetragen war. Die Bundesspielberechtigung für die HSG K. hat der Spieler B. seit Juli 2001.
Der Spieler B. saß zunächst auf der Auswechselbank. Sein erster Einsatz erfolgte ab der 8. bis zur 10. Spielminute. Sodann war er ab der 25. Spielminute durchgehend bis zur 45. Spielminute eingesetzt. Als zu dieser Zeit der Spieler Ch., Nr. 4 von HSG K., vom Sekretär und dem Zeitnehmer die Teilnahmeberechtigung erhielt, fiel diesen auf, dass im Spielbericht in der Namenliste der Spieler des Heimvereins noch eine Zeile frei und der Spieler Nr. 17 nicht eingetragen war. Sie verständigten daraufhin die Schiedsrichter.
Zum Spielzeitpunkt 45:34 beim Spielstand von 23:20 Toren erkannten die Schiedsrichter nunmehr auf Disqualifikation des Spielers B. Er musste die Spielfläche und den Auswechselraum verlassen, und seine Mannschaft durfte sich für zwei Spielminuten nicht ergänzen. Das Spiel endete mit 30:27 Toren für HSG K. …

Aus den Gründen:
… Dem Rechtsbehelf muss der Erfolg versagt bleiben.

Der Antrag auf Annullierung des Spielergebnisses und Wertung als Spielverlust für HSG K. ist nicht begründet.
... Der Antrag auf Anordnung einer Spielwiederholung ist nicht begründet.
Wie zwischen den beteiligten Vereinen unstreitig ist und in der mündlichen Verhandlung von den Schiedsrichtern, dem Sekretär und dem Zeitnehmer bestätigt wurde, hat der Spieler B. ohne Teilnahmeberechtigung im Spiel mitgewirkt.
Da er nicht bei Spielbeginn im Spielbericht eingetragen war, trifft gemäß Regel 18:1 Abs. 2 die Hauptverantwortung für sein regelwidriges Eintreten den Sekretär. Dieser hätte bereits in der 8. Spielminute in Zusammenarbeit mit dem Zeitnehmer das regelwidrige Mitspielen des Spielers Nr. 17 den Schiedsrichtern melden müssen.
Nicht jeder Regelverstoß eines Schiedsrichters, Zeitnehmers oder Sekretärs hat aber die Anordnung einer Spielwiederholung zur Folge. § 28 Ziffer 2 RO/DHB grenzt die Fälle einer Spielwiederholung ein und fordert, dass die Rechtsinstanz die Folgen des Regelverstoßes für spielentscheidend hält.
Das Bundessportgericht ist nach dem Ergebnis der Beweisaufnahme nicht davon überzeugt, dass die Folgen des festgestellten Regelverstoßes des Sekretärs von spielentscheidender Bedeutung waren.
Die verspätete Meldung des Mitspielens der Nr. 17 hatte zur Folge, dass der Spieler B. für etwa 23 Spielminuten im Einsatz war. Sein Mitwirken war jedoch von unauffälliger Weise. Er nahm eine Deckungsposition ein und warf kein Tor. Die gedankliche Möglichkeit, dass bei rechtzeitiger Disqualifikation das Spiel eine andere Wende hätte nehmen können, reicht nicht als Nachweis der spielentscheidenden Bedeutung des Regelverstoßes des Sekretärs aus. Der Eintritt eines anderen Spielausgangs müsste hinreichend wahrscheinlich sein. Anhaltspunkte oder Hilfstatsachen, die die diesbezügliche Annahme des Einspruchsführers stützen, konnten nicht festgestellt werden. Torfolge und Torrückstand lassen keinen eindeutigen Rückschluss zu. Die Torfolge von 23:20 zum Zeitpunkt der Disqualifikation über 24:20 und 25:20 zum 26:20 zeigt auf, dass TuSpo O. ein einmaliges Überzahlverhältnis von 6 zu 4 Spielern, das durch die verspätete Disqualifikation zu seinen Gunsten für die Spielzeit von 45:34 bis 46:56 entstanden war, nicht nutzen konnte.
Da die Darlegungs- und Beweisführungspflicht TuSpo O. als Einspruchsführer obliegt, muss die Beweisnot des Verfahrens zu seinen Lasten gehen.

In Anbetracht des Vorsprungs von drei Toren im Endergebnis vom 30:27 für HSG K. vermochte das Bundessportgericht daher nicht, eine spielentscheidende Bedeutung des Regelfehlers des Sekretärs festzustellen. ...

Anmerkung: Darlegungs- und Beweislast liege beim protestführenden Verein bezüglich der Auswirkung des Regelverstoßes auf das Ergebnis bei einem Resultat mit drei Toren Unterschied für den Gegner.

Ergebnis: NEIN (RV)

12 Spielabbruch/Äußeres Ereignis/Ermessensspielraum/Erlösverteilung

DHB-Bundesgericht, Urteil vom 14. 12. 2001 (BG 6/01)

Fundstelle: SportR 15/19/13

Aus dem Tatbestand:
Das am 19. September 2001 ausgetragene Meisterschaftsspiel der Bundesliga Männer zwischen der SG Bad Sch. (fortan kurz: Sch.) gegen TBV L. (fortan kurz: L), geleitet von den Schiedsrichtern Le. und U., wurde beim Spielstand von 21:20 für Sch. 38 Sekunden vor Ablauf der regulären Spielzeit unterbrochen. Der Grund hierfür war, dass ein nahezu allen Anwesenden sicht- und erkennbar sitzender Zuschauer einen Herzanfall erlitten hatte. Der durch anwesende Ärzte sofort versorgte und betreute Zuschauer konnte erst nach ca. 40 Minuten abtransportiert werden. Als die Schiedsrichter aufgrund ihrer Erkundigungen die Nachricht erhielten, dass der Zuschauer verstorben sei, brachen sie das Spiel ab.
Der Männerwart des Deutschen Handballbundes (fortan: DHB) hat durch Bescheid vom 28. September 2001 das Spiel neu angesetzt. ...
Hiergegen hat Sch. Einspruch eingelegt mit der Begründung, dass L. sich geweigert habe, das Spiel fortzusetzen, während die eigene Mannschaft unbedingt das Spiel habe zu Ende bringen wollen. L. ist dem entgegen getreten und hat die Zurückweisung des Einspruchs beantragt, allein der bedauerliche Tod eines Zuschauers sei ursächlich für den Spielabbruch gewesen. In einer schriftlichen Stellungnahme haben die Schiedsrichter geäußert, sie hätten das Spiel fortgesetzt, wenn der Zuschauer in ein Krankenhaus eingeliefert worden wäre; da er aber verstorben sei, hätten sie sich zum Spielabbruch entschieden.

Das Bundessportgericht hat den Einspruch von Sch. zurückgewiesen mit der Begründung, dass dem Männerwart des DHB, der hierfür zuständig sei, bei seiner Entscheidung … kein Rechtsfehler unterlaufen sei. …

Aus den Gründen:
Die Revision ist form- und fristgerecht eingelegt und somit zulässig. Sie ist jedoch nicht begründet.
Eine Wertung des Spiels mit 21:20 Toren und 2:0 Punkten für Sch. entsprechend dem Hauptantrag oder, wie hilfsweise beantragt, eine Wertung mit 0:0 Toren und 2:0 Punkten zugunsten von Sch. kann nicht vorgenommen werden. Dies hätte zur Voraussetzung gehabt, dass L. den Spielabbruch verschuldet hat. … Das aber ist nicht der Fall. Das Spiel ist abgebrochen worden durch die Schiedsrichter. Das Recht hierzu ergab sich für sie aus Regel 17:13.
Auf alle Verhaltensweisen, alle Äußerungen, auf alle Meinungs- und Willensbekundungen, von welcher Seite, von welchen Personen auch immer diese offenbart oder getan worden sind, kommt es nicht an, ohne Rücksicht darauf, ob diese auf ein Weiterspielen bis zum Ende der regulären Spielzeit oder auf einen Spielabbruch gerichtet waren. Somit konnte auch den Bekundungen des Zeugen K., dass sich L. nur immer wieder für einen Spielabbruch ausgesprochen habe, keine entscheidungserhebliche Bedeutung zukommen. Maßgeblich ist auch nicht, dass sich L. – nach den Aussagen von Schiedsrichter U. – zwar für einen Spielabbruch ausgesprochen, gleichermaßen allerdings auch bekundet habe, dass man weiterspielen werde, wenn die Schiedsrichter es anordnen würden.
Allein die Schiedsrichter waren die Entscheidungsträger. Sie haben entschieden, und nur darauf kommt es an. Ein durch L. verschuldeter Spielabbruch liegt deshalb nicht vor.
Ein Spiel, welches abgebrochen, also nicht regulär zu Ende gebracht worden ist, ohne …, muss neu ausgetragen werden. Dies … ist einzig konsequent. Denn anders gäbe es keine Spielwertung.
Aus diesen Gründen könnte es eigentlich dahingestellt bleiben, ob die Entscheidung der Schiedsrichter richtig war oder nicht. Denn eine Neuansetzung müsste in jedem Fall erfolgen, selbst bei fehlerhafter Entscheidung der Schiedsrichter zum Spielabbruch.
…
Die Schiedsrichter hatten zwei Möglichkeiten. Einerseits hätten sie das Spiel fortsetzen und zu Ende bringen lassen können. Zum anderen konnten sie das Spiel abbrechen. Sie haben sich für Letzteres entschieden. Be-

gründet haben sie dies unter dem Eindruck des Geschehensablaufes mit Erwägung zur Pietät. Auch wenn solche sehr persönlicher Art sind und deshalb ebenso unterschiedlich beurteilt werden können, ist ihnen auf keinen Fall der Respekt zu versagen und kann in keiner Weise festgestellt werden, dass dies sachfremde Erwägungen gewesen seien. Deshalb haben die Schiedsrichter ... innerhalb des ihnen zustehenden Ermessensspielraumes entschieden, oder kann umgekehrt von einer Ermessensüberschreitung, einem Ermessensmissbrauch nicht die Rede sein.
War und ist die Entscheidung der Schiedsrichter nicht zu beanstanden, gibt es im Hinblick auf die Neuansetzung des Spieles nichts, was dem DHB anzulasten wäre. ...

Anmerkung: Abbruch eines Spiels aus Pietätgründen (Todesfall in der Halle) durch den Schiedsrichter – die Entscheidung sei bestandskräftig, das Spiel neu anzusetzen.

Ergebnis: NEIN (RV)

13 Keine Ergebniskorrektur bei fehlerhafter Spielergebniswertung durch Schiedsrichter

1. ***Rechtsbehelfe müssen einen rechtlich durchführbaren Antrag enthalten.***
2. ***Bei fehlerhaften Schiedsrichterentscheidungen ist nur ein Antrag auf Spielwiederholung, nicht auf Änderung des Spielergebnisses (Torstand) zulässig.***
3. ***Mit der Einlegung eines Einspruchs gegen eine Spielwertung innerhalb der Drei-Tagesfrist wird der Ablauf der Frist gehemmt.***
4. ***Ein durchführbarer Hilfsantrag nach fehlerhaftem Hauptantrag kann nur bis zum dritten Tag nach der Entscheidung des Sportgerichtsvorsitzenden (endgültiges Fristende) gestellt werden.***

Bundesgericht des DHB, Urteil vom 16. 5. 2003, Az.: BG 2/03

Fundstelle: SpuRt 2004, 121 ff.

Sachverhalt:
Am 8. März 2003 fand in G das Meisterschaftsspiel Nr. 1213 der Bundesliga Männer zwischen dem VfL GG (fortan: G) und dem TV G (fortan: O) statt. Geleitet wurde das Spiel von den Schiedsrichtern P. und St.

Nach ihren Eintragungen im Spielbericht unter der Rubrik Schiedsrichterbericht endete das Spiel 28:28.
Unter der gleichen Rubrik ließ G eintragen, dass seine Mannschaft ein reguläres Tor zum 29:28 erzielt habe und daher seine Mannschaft Sieger des Spiels sei.
Mit Schreiben vom 11. März 2003 hat G beim Bundessportgericht des Deutschen Handballbundes gegen die Wertung des Spieles Einspruch eingelegt mit dem Antrag, dass das Meisterschaftsspiel Nr. 1213 unter entsprechender Abänderung der Entscheidung der Schiedsrichter mit einem Spielgewinn für G, und zwar mit dem Ergebnis 29:28 gewertet werde.
Zur Begründung hat G ausgeführt, dass zwei Sekunden vor Ablauf der Spielzeit beim Spielstand von 28:28 nach Anspiel aus einem Freiwurf an der gegnerischen 9-Meter-Linie ein Tor erzielt wurde, bevor das Schlusssignal ertönt gewesen sei. Die Schiedsrichter hätten übereinstimmend mittels Handzeichen einen Torgewinn angezeigt. Nach Beendigung des Spiels habe der Trainer von G bei den Schiedsrichtern interveniert. Diese hätten sich dann mit Zeitnehmer und Sekretär beraten und seien zu dem Ergebnis gekommen, dass das letzte Tor nicht korrekt erzielt worden sei – angeblich keine Überquerung des Balles in vollem Umfange über die Torlinie innerhalb der regulären Spielzeit – und hätten deshalb ihre vorherige Torentscheidung korrigiert.
Diese Verhaltensweise stelle einen spielentscheidenden Regelverstoß dar. Beim Torerfolg sei das für die Spielbeendigung maßgebliche Schlusssignal noch nicht ertönt gewesen (Regel 2:3). Dem Einspruch sei mit der Maßgabe stattzugeben, dass nicht etwa eine Spielwiederholung zu erfolgen habe, sondern dass lediglich eine andere Wertung des Spiels vorzunehmen sei. Denn die Schiedsrichter hätten die Korrektur des Spielergebnisses erst nach Spielende vorgenommen. Das sei unzulässig gewesen. ...

Aus den Gründen:
Die weitere Beschwerde ist ... nicht begründet.
Für die Änderung eines Spielergebnisses gibt es in der Satzung nach den Ordnungen des DHB keine Grundlage.
Die Änderung eines Spielergebnisses kann nur auf dem Wege einer Spielwiederholung herbeigeführt werden ... Diese hat zur Voraussetzung, dass den Schiedsrichtern ein spielentscheidender Regelverstoß unterlaufen ist ... Darauf beruft sich G zwar auch. Im Hinblick auf das knappe Endergebnis ist dieses auch durchaus schlüssig. Ob ein spielent-

scheidender Regelverstoß tatsächlich vorgelegen hat, wäre allerdings wohl nur durch eine Beweisaufnahme zu klären gewesen. G zieht aus dieser an sich schlüssigen Konstellation aber nicht die allein mögliche rechtliche Folgerung, eine Spielwiederholung geltend zu machen. Mit dem Einspruch wird vielmehr die Korrektur des Spielergebnisses beantragt und darüber hinaus ein Wiederholungsspiel ausdrücklich abgelehnt. Wörtlich heißt es dazu in der Einspruchsschrift …:

„Diese – nach dem Spielende – unzulässig vorgenommene Korrektur des richtigen Ergebnisses durch die Schiedsrichter kann nun nicht etwa dazu führen, dass das Spiel zu wiederholen wäre, vielmehr ist lediglich zu entscheiden, dass die nachträgliche Korrektur unzulässig sei und folglich dasjenige Ergebnis maßgeblich sei, auf das die Schiedsrichter durch Handzeichen 12 vor Ertönen des Schlusssignals und damit vor Ablauf der Spielzeit entschieden hatten."

Allein der Wortlaut dieser Ausführungen, der sich inhaltlich mit dem in der Einspruchsschrift gestellten Antrag deckt, ist so eindeutig, dass für irgendwelche inhaltlichen Auslegungen kein Raum ist. In Anbetracht dieser Eindeutigkeit solcher Erklärung verbieten sie sich sogar. …
Wenn das Bundessportgericht … auf das so genannte Enumerationsprinzip verweist, wonach die Sportrechtsinstanzen nur in den ihnen zugewiesenen Fällen entscheiden dürfen, ist auch dieses richtig. …
Auch darf in diesem Zusammenhang nicht übersehen werden, dass der Sinn der 3-Tagesfrist darin liegt, Spielergebnisse und damit Tabellenstände so aktuell wie möglich zu halten. Dies liegt im gleichlautenden Interesse der Mannschaften, Vereine und der Sportöffentlichkeit insgesamt, der des Handballes im Besonderen. Auch aus diesem speziellen Grunde darf von etwaigen längeren Hemmungsfristen, wie sie nach allgemeinem Zivilrecht möglicherweise hätten in Betracht kommen können, abgewichen werden. Dies erscheint nach alledem zwangsläufig.
G hatte bis zum 21. März 2003 Zeit und Gelegenheit, einen sachlich richtigen Antrag zur Wiederholung des Spieles vom 8. März 2003 zu stellen. Dies nicht getan zu haben, ist allein vom Verein selbst zu verantworten. …

Anmerkung: Erfolglosigkeit eines Einspruchs, der auf Spielwiederholung gerichtet ist, bei nicht fristgerechter förmlicher Beantragung einer Spielwiederholung (stattdessen zuerst Ergebniskorrektur beantragt).

Ergebnis: NEIN (RV): Die Begründung wirkt recht formalistisch.

Tatsachenentscheidung und Spielwertung 14

1. ***Tatsachenentscheidungen der Schiedsrichter sind grundsätzlich nicht anfechtbar. Eine Überprüfbarkeit ist ausnahmsweise dann eröffnet, wenn***
   - ***eine besonders schwerwiegende Fehlentscheidung vorliegt,***
   - ***diese spielentscheidende Auswirkung hat und***
   - ***die so offenkundig und zweifelsfrei für alle Betrachter, auch ohne Zuhilfenahme anderer Hilfsmittel, ist, also ebenfalls nur aufgrund der unmittelbaren audiovisuellen Wahrnehmung des direkten Spielvorgangs, wie sie auch der Schiedsrichter erlebt. …***

Schiedsgericht BBL, Schiedsspruch vom 15. 1. 2005 – 5/2004.

Fundstelle: SpuRt 2005, 122 ff.

Sachverhalt:
Gegenstand der Auseinandersetzung ist die Wertung eines Punktspiels zwischen dem Berufungsführer, dem EnBW L. und der W.T.T. – dem Beigeladenen – vom 29. 10. 2004 in L.
Berufungsgegner ist die BBL GmbH, welche den Spielbetrieb der Basketball-Bundesliga durchführt.
Laut Spielberichtsbogen endete das Spiel mit 88:86 für den Berufungsführer. Der letzte Korberfolg wurde mit 3 Punkten für den Spieler mit der Nr. 8 des Berufungsführers eingetragen.
Aus dem Spielberichtsbogen geht weiter hervor, dass der Beigeladene Protest gegen die Spielwertung eingelegt und diesen damit begründet hat, dass der letzte Korberfolg des Berufungsführers nach der Schlusssirene erfolgt sei.
Auf diesen Protest des Beigeladenen hat die Spielleitung der Berufungsgegnerin mit Entscheidung vom 18. 11. 2004 erkannt:
Auf Grund des Protestes der Bundesligisten W.T.T. entscheidet die Spielleitung hinsichtlich des o. Bundesligaspiels auf Spielwiederholung.
…
Zur Begründung führt die Entscheidung an, dass nach Auswertung des Berichts des Technischen Kommissars (TK)hinsichtlich des letzten Korberfolges keine Tatsachenentscheidung der Schiedsrichter (SR) vorgelegen

hätte, sondern der TK selbst die Entscheidung über die Korbwertung getroffen habe.
Da somit einer Überprüfung der Entscheidung durch die Spielleitung eine Tatsachenentscheidung der Schiedsrichter nicht entgegenstünde, sei auf Grund der Auswertung der Videoaufzeichnung des Spiels festzustellen gewesen, dass bei Ertönen des Signals am Ende der 4. Spielperiode der Ludwigsburger Spieler mit der Nr. 8 noch in Ballbesitz gewesen sei, der Spielball die Hand des Spielers noch nicht verlassen habe.
Deshalb hätte eine Korbpunktwertung nicht erfolgen dürfen.
Da hierdurch der Ausgang des Spiels wesentlich beeinflusst worden sei, habe gemäß § 22 Abs. 9 BBL-Spielordnung (SO) auf Spielwiederholung entschieden werden müssen, was der Protestführende hilfsweise beantragt hatte. Dem Hauptantrag auf Wertung mit umgekehrtem Spielergebnis habe nicht gefolgt werden können, weil einer solchen Entscheidung § 22 Abs. 9 SO entgegenstünde. …

Aus den Gründen:
Auf die Berufung ist die Entscheidung der Spielleitung der Berufungsgegnerin aufzuheben, da diese in Abänderung einer Entscheidung vorgenommen worden ist, die als sogenannte Tatsachenentscheidung der Schiedsrichter gemäß § 7 Abs. 3 VfSchGO nicht anfechtbar ist.
Tatsachenentscheidungen sind solche Entscheidungen des Schiedsrichters, die dieser auf Grund seiner Beobachtungen/Feststellungen des Spielgeschehens im Rahmen der Regeln und des ihm hiernach zustehenden Ermessens trifft. …
Die grundsätzliche Gültigkeit von Regeln, die die Nichtanfechtbarkeit schiedsrichterlicher Tatsachenentscheidungen beinhalten, wie dies für den Bereich der Basketball Bundesliga § 7 Abs. 3 VfSchGO bestimmt, ist in der (Sport-)Rechtsprechung allgemein anerkannt.
Das Schiedsgericht hat auch keinen Anlass, diese grundsätzliche Nichtangreifbarkeit schiedsrichterlicher Tatsachenentscheidungen im vorliegenden Fall als in Frage gestellt zu sehen.
Das in dieser Regel beinhaltete Beweisverbot im Verfahren über die Wertung eines Spiels findet seine Rechtfertigung in den anerkennungswerten Bedürfnissen des sportlichen Wettbewerbs der Basketball Bundesliga. Zu diesen anerkennenswerten Gründen gehören die Aktualität und Attraktivität des Spielbetriebs, die auch darin begründet liegen, dass Entscheidungen über das Spiel und seine Wertung mit dem Ende des Spiels getroffen sind, nicht erst zeitverzögert auf Grund von nach-

träglichen Auswertungen, und somit ein aktueller Stand des Wettbewerbs für die Teilnehmer wie die Sportinteressierten gewährleistet bleibt.
Hinzu kommt die Aufrechterhaltung der gebotenen Autorität der Schiedsrichter und ihrer Entscheidungen. Eine Durchbrechung dieser Autorität würde den Spielbetrieb undurchführbar werden lassen. Würde jeder Irrtum eines Schiedsrichters in der Wahrnehmung von, auch spielentscheidenden, Spielvorgängen angefochten werden können und gegebenenfalls zur Annullierung und damit Wiederholung von Spielen führen, wäre die Durchführung des Wettbewerbs einer Sportliga in einem vernünftigen Zeitraum nicht zu gewährleisten, denn die sport- und/oder zivilgerichtliche Überprüfung solcher Entscheidungen, gegebenenfalls in mehreren Instanzen, wäre dann in einer unkalkulierbaren Anzahl von Fällen die mögliche Folge.
Weiterhin ist das über den engeren Bereich des sportlichen Wettbewerbs hinaus vorhandene wirtschaftliche Interesse der am Spielbetrieb Beteiligten, die Liga und ihren Wettbewerb zu vermarkten, zu beachten. Hierbei ist ein wesentlicher Faktor die Aktualität und der Bestand von Ergebnissen und die jederzeitige Überschaubarkeit des Stands des Wettbewerbs, was bei nachfolgenden Entscheidungen „am grünen Tisch" nicht gewahrt ist.
Diese Umstände lassen es auch unter rechtsstaatlichen Grundsätzen für unbedenklich erscheinen, dass Fehler in solchen Tatsachenentscheidungen grundsätzlich nicht revidierbar sind und hingenommen werden müssen.
Das erforderliche rechtsstaatliche Korrektiv ist dadurch gewahrt, dass in Ausnahmefällen die Überprüfbarkeit auch solcher Tatsachenentscheidungen zulässig sein muss, wenn
eine besonders schwerwiegende Fehlentscheidung vorliegt,
diese spielentscheidende Auswirkungen hat und
sie so offenkundig und zweifelsfrei für alle Betrachter, auch ohne Zuhilfenahme anderer Hilfsmittel, ist, also ebenfalls nur auf Grund der unmittelbaren audiovisuellen Wahrnehmung des direkten Spielvorgangs, wie sie auch der Schiedsrichter erlebt.

... Der nur in solch besonderen Ausnahmefällen einschränkbare Grundsatz der Nichtanfechtbarkeit schiedsrichterlicher Tatsachenentscheidungen soll in diesen Fällen unzweifelhaft offenkundiger Fehlerhaftigkeit die Unverrückbarkeit der unmittelbaren Schiedsrichterentscheidung

und deren Wirkung auf den sportlichen Wettbewerb nicht zur Farce werden lassen. …
Dabei ist zu beachten, dass es für die zu fordernde Offenkundigkeit eines Wahrnehmungsirrtums nicht ausreicht, wenn dieser durch eine spätere Beweisführung, beispielsweise Fernseh- oder Filmaufnahmen, dargetan werden könnte.
Die Möglichkeit einer späteren Beweisführung vermag die Offenkundigkeit nicht zu begründen, sondern sie allenfalls zu bestätigen (OLG Saarbrücken, Urteil vom 30. 11. 1982 – Az.: 2 U 113/81 – unter Bezugnahme auf DFB-Bundesgericht Nr. 7/78/79 in Heft 1/1979 der Amtlichen Mitteilungen des DFB).
Das Vorliegen eines dergestalten Ausnahmefalles hat sich weder auf Grund des Vortrages der Parteien noch anderer Umstände oder der Beweisaufnahme ergeben.
Aufgrund der durchgeführten Beweisaufnahme steht zur Überzeugung des Gerichts dagegen fest, dass die umstrittene Korbpunktwertung zu Gunsten des Berufungsführers unmittelbar mit dem Schluss des Spiels eine schiedsrichterliche Tatsachenentscheidung ist.
Im Ergebnis des Bekundens der drei Schiedsrichter und des Technischen Kommissars stellt sich der Ablauf der letzten Spielphase wie folgt dar:
Beim Spielstand von 85:86 aus Sicht des Berufungsführers hatte dessen Mannschaft bei einer verbleibenden Spielzeit von etwas mehr als drei Sekunden Ballbesitz, brachte den Ball schnell in das gegnerische Feld, wo der Spieler mit der Nr. 8 des Berufungsführers sich auf der linken Seite der gegnerischen Spielhälfte schnell in Richtung der 6,25 m-Linie bewegte, vor dieser Linie verteidigt wurde und in engstem zeitlichem Zusammenhang mit der Schlusssirene den Ball in Richtung gegnerischen Korb warf.
Alle drei Schiedsrichter – SR R. befand sich auf Lead unter dem gegnerischen Korb, SR S. auf Trail, etwa Mitte der linken Außenlinie des Spielfeldes in der Angriffshälfte hinter dem angreifenden Spieler mit der Nr. 8, SR R. auf Center im Bereich zwischen der rechten Außenlinie und der 6,25 m-Linie – erkannten, dass der Ball vor der 6,25 m-Linie geworfen wurde und durch den Ring traf.
Keiner der drei Schiedsrichter war jedoch, auf Grund des hohen Geräuschpegels in der Halle, in der Lage, festzustellen, ob der Ball die Wurfhand des Spielers bereits verlassen hatte, bevor das Schlusssignal ertönte. Auf den fragenden Blick der SR R. und S., der sich unmittelbar nach der Aktion ebenfalls zum Kampfrichtertisch schräg hinter sich gedreht hatte, bejahte der Technische Kommissar die Rechtzeitigkeit der Wurfaktion vor dem

Schlusssignal durch Kopfnicken. Daraufhin erkannte SR. R., der bereits unmittelbar mit der Wurfaktion mit einer Hand den Versuch eines 3-Punkte-Wurfs angezeigt hatte, durch Hochstrecken des zweiten Arms auf den erfolgreichen 3-Punkte-Wurf.

Diese Entscheidung des Schiedsrichters ist eine Tatsachenentscheidung im Sinne i.S.d. §7 Abs. 3 VfSchGO, auch wenn der erkennende Schiedsrichter nur Teile der zu bewertenden Spielaktion, nämlich die Wurfaktion jenseits der 6,25 m-Linie und das Fallen des Balles durch den Ring gesehen, nicht jedoch das Schlusssignal gehört hat und deshalb auf Grund insgesamt eigener sinnlicher Wahrnehmungen des direkten Spielvorganges das regelgerechte Erzielen des letzten Feldkorbes nicht feststellen konnte.

Da auch keiner der beiden anderen Schiedsrichter die Abfolge zwischen dem abgegebenen Wurf und der Schlusssirene realisierte, durfte der entscheidende Schiedsrichter zu der Frage, ob der erzielte Korb zählt, weil der Ball bei Ertönen des Schlusssignals in der Luft war (Regel IV Art. 10.4 der Offiziellen Basketball Regeln) sich der Unterstützung des Technischen Kommissars bedienen.

Nach Regel VIII Art. 45.3 Satz 2 und 45.5 Satz 1 ist es auch Aufgabe des Technischen Kommissars, die Schiedsrichter zu unterstützen, um einen reibungslosen Ablauf des Spiels zu gewährleisten.

Entgegen der Entscheidung der Spielleitung ändert diese Adaption der Wahrnehmung des Technischen Kommissars zu einem Teilaspekt der Regelgerechtheit des Korberfolges – Abgabe des Wurfs vor Ertönen der Schlusssirene – nichts daran, dass die Wertung des Feldkorbes eine Tatsachenentscheidung des Schiedsrichters ist.

Der erkennende Schiedsrichter hielt die Regelgerechtigkeit des Korberfolges für möglich, hatte lediglich hinsichtlich des Zeitaspekts Zweifel, die er durch die Inanspruchnahme der Beobachtungen des Technischen Kommissars ausräumte.

Auch wenn die (Tatsachen-)Entscheidung allein dem Schiedsrichter obliegt, kann dieser sich zu seiner Überzeugungsbildung auch auf Wahrnehmungen anderer Spieloffizieller beziehen, wenn diese ihm glaubhaft mitgeteilt worden sind … und zweifelsfrei dieselbe Spielsituation betreffen.

Die Unterstützung des Technischen Kommissars war in der vorliegenden Situation unstreitig auf die Beantwortung der durch Blickkontakt gestellten Frage des Schiedsrichters bezogen, ob vor dem Schlusssignal der Ball frei war, und wurde vom Technischen Kommissar ebenfalls zweifelsfrei durch die Geste des Kopfnickens bejaht.

Durch diese Unterstützungshandlung wurde das Für-möglich-Halten der Rechtzeitigkeit des Korbwurfs seitens des Schiedsrichters für ihn zur Gewissheit, worauf er seine dann getroffene Tatsachenentscheidung mitstützte ...
Anders als etwa im Fall Helmer ... war die unter Einbeziehung der Unterstützung des Technischen Kommissars getroffene Entscheidung des Schiedsrichters regelgerecht, da die Hilfestellung des Technischen Kommissars sich genau auf die vom Schiedsrichter erhobene Frage bezog, somit die Regelanwendung – Erkennen auf Korberfolg – auf einer Tatsache fußte, die zur Überzeugung des Schiedsrichters im Zeitpunkt seiner abschließenden Entscheidung feststand. ...

Anmerkung: Das Urteil des Schiedsgerichts (= Verbandsgericht des Basketball-Verbands) legt fest, dass eine Regelung, die die Gültigkeit von Beobachtungen und Feststellungen des Schiedsrichters grundsätzlich anerkennt, in der Rechtsprechung Zuspruch findet. Aus rechtsstaatlichen Gründen bestehe aber in Ausnahmefällen eine Überprüfbarkeit „bei einer besonders schwerwiegenden Fehlentscheidung, die spielentscheidende Auswirkung hat und die offenkundig und zweifelsfrei ist" – letztere Feststellung müsse ohne Zuhilfenahme von Videoaufnahmen erfolgen. In dem entschiedenen Fall liege aber keine Fehlwahrnehmung des Schiedsrichters vor.

Ergebnis: NEIN (TE)

15 Aufhebung der Wertung eines Meisterschaftsspiels wegen Manipulation durch Schiedsrichter

DFB-Sportgericht, Urteil vom 15. 2. 2005 – 85/2004/2005

Fundstelle: SpuRt 2005, 82 ff.

1. ***Die Wertung des Meisterschaftsspiels der 2. Bundesliga zwischen dem LR Ahlen und den SV Wacker Burghausen vom 22. 10. 2004 wird aufgehoben.***
2. ***Das Spiel ist neu anzusetzen. ...***

Sachverhalt:
Am 22. 10. 2004 fand das Meisterschaftsspiel der 2. Fußball-Bundesliga zwischen dem LR Ahlen und dem SV Wacker Burghausen in Ahlen statt. Schiedsrichter der Begegnung war Robert Hoyzer.

Einige Tage vor dem Spiel hatte Schiedsrichter Hoyzer mit seinem Bekannten Ante S. gegen das Versprechen einer Zahlung von 30.000 Euro vereinbart, das Spiel zugunsten des LR Ahlen zu manipulieren und diesem dadurch hohe Wettgewinne zu ermöglichen.
Das Spiel endete mit einem 1:0 Sieg für den LR Ahlen. Das einzige Tor fiel nach einem in der 66. Minute von Schiedsrichter Hoyzer verhängten Handelfmeter. Der Entscheidung vorausgegangen war eine weitgezogene Freistoßflanke, bei der der Spieler Trivunovic den Ball mit der Hand berührte. Schiedsrichter Hoyzer wusste, dass die Spielbestimmungen ihm in dieser Situation zur Entscheidung der Frage, ob das Handspiel absichtlich war, einen großen Ermessensspielraum zuwiesen. Obwohl Schiedsrichter Hoyzer für sich selbst feststellte, dass das Handspiel unabsichtlich war, verhängte er auf Grund der vor dem Spiel getroffenen Verabredung mit Ante S. den spielentscheidenden Strafstoß.
Direkt nach dem Spiel erhielt Hoyzer 15.000 Euro ausgehändigt; das restliche Geld erhielt er später in Raten. …
Der SV Wacker Burghausen hat am 24. 1. 2005 Einspruch gegen die Spielwertung eingelegt, nachdem er erstmals am 23. 1. 2005 Kenntnis von möglichen Spielmanipulationen durch Robert Hoyzer erlangte. …

Aus den Gründen:
Der Einspruch des SV Wacker Burghausen ist zulässig.
Einsprüche gegen die Spielwertung mit der Behauptung einer sportwidrigen Spielmanipulation durch einen Schiedsrichter sind jedenfalls dann zulässig, wenn das Spiel in der laufenden Saison stattgefunden hat und der Einspruch innerhalb einer Frist von zwei Tagen nach Erlangung der Kenntnis von einem dringenden Tatverdacht formgerecht beim DFB eingelegt worden ist.
Die in § 17 Nr. 1 der DFB-Rechts- und Verfahrensordnung enthaltene Einspruchsfrist von zwei Tagen nach Ablauf des Spieltages steht der Zulässigkeit des Einspruchs in Fällen einer „sportwidrigen Spielmanipulation durch einen Schiedsrichter“ nach Auffassung des Sportgerichts nicht entgegen, da dieser Einspruchsgrund besonderen Voraussetzungen unterliegt:
§ 17 Nr. 2 der DFB-Rechts- und Verfahrensordnung listet Umstände, unter denen das auf dem Rasen ermittelte Spielergebnis mit einem Einspruch angefochten werden kann, auf und benennt so die typischen und häufigsten Einspruchsgründe.

Zugleich macht die Norm aber schon im Eingangssatz mit den Worten „unter anderem" deutlich, dass die dort nachfolgend aufgeführten Einspruchsgründe nicht abschließend sind, sondern weitere Einspruchsgründe in Betracht kommen.
Sinn und Zweck der Bestimmung ist es, Spielabläufe, die gravierend in Widerspruch zu den allseits anerkannten Vorstellungen von einem fairen sportlichen Wettkampf stehen, und Spielergebnisse, die unter Verletzung elementarer Spiel- und Ordnungsbestimmungen zustande gekommen sind, für den Fall eines form- und fristgerechten Einspruchs nicht in die Wertung kommen zu lassen.
Der in § 17 Nr. 2 d Rechts- und Verfahrensordnung des DFB genannte Einspruchsgrund der „Mitwirkung eines gedopten Spielers" lässt den Schluss zu, dass die sportwidrige Manipulation eines Spielablaufs durch den Schiedsrichter erst recht einen Einspruchsgrund darstellen muss. Der von der Spielleitungsbehörde mit der Spielleitung beauftragte Schiedsrichter muss neutral und unparteiisch sein, ist er es nicht und beeinflusst das Spiel zu Lasten einer Mannschaft, liegt ein irregulärer, zum Einspruch berechtigender Spielverlauf vor.
Für den Einspruchsgrund der „Mitwirkung eines gedopten Spielers" in § 17 Nr. 2 d der DFB-Rechts- und Verfahrensordnung hat der Normgeber eine besondere Frist von zwei Tagen ab Kenntnis der Benachrichtigung durch die Dopingkommission vorgesehen, weil der Einspruchsberechtigte innerhalb von zwei Tagen nach dem Spiel in aller Regel keine Kenntnis erlangen kann.
Vorliegend muss erst recht eine vom Regelfall des § 17 Nr. 1 der DFB-Rechts- und Verfahrensordnung abweichende Frist gelten. Genau wie bei Dopingverstößen ist es auch im Fall von Wettmanipulationen durch einen Schiedsrichter für einen hiervon betroffenen Verein im Regelfall schlechterdings unmöglich, innerhalb von zwei Tagen nach einem Spiel davon Kenntnis zu erlangen.
Im Wege richterlicher Rechtsfortbildung ist daher in Anlehnung an die in § 17 Nr. 2 d der DFB-Rechts- und Verfahrensordnung vorgesehene Frist von zwei Tagen ab Bekanntgabe des Dopingverstoßes ein Einspruch wegen einer Spielmanipulation durch den Schiedsrichter jedenfalls dann zulässig, wenn er innerhalb einer Frist von zwei Tagen nach Erlangung der Kenntnis von einem dringenden Tatverdacht formgerecht eingelegt worden ist.

Der Einspruch ist auch begründet.

Die sportwidrige Manipulation eines Spielablaufs durch den Schiedsrichter stellt, wie bereits ... dargelegt, einen anerkannten Einspruchsgrund dar.
Der SV Wacker Burghausen hat das Vorliegen eines Einspruchsgrundes nachgewiesen.
Grundsätzlich ist in Einspruchsverfahren der Einspruchsführer verpflichtet, den Beweis für das Vorliegen der einspruchsbegründenden Tatsachen zu erbringen.
Zu unterscheiden ist zwischen dem Nachweis einer vor dem Spiel getroffenen Manipulationsabrede mit einem Wettkunden und dem Nachweis einer tatsächlichen Spielmanipulation: Eine vor einem Spiel mit dem Schiedsrichter getroffene Verabredung zur sportwidrigen Manipulation eines Spieles mit dem Ziel der Herbeiführung eines gewünschten Ergebnisses gibt Anlass zur Annahme, dass ein der Verabredung entsprechendes Ergebnis irregulär zustande gekommen und deshalb zu annullieren ist. Nach dem Ergebnis der Beweisaufnahme steht fest, dass Schiedsrichter Hoyzer vor Spielbeginn mit Ante S. gegen das Versprechen einer Zahlung von 30.000 Euro vereinbart hatte, das Spiel zugunsten der LR Ahlen zu manipulieren und diesem dadurch Wettgewinne zu ermöglichen.
Da das Spiel, wie zwischen den beiden verabredet, mit einem Sieg für LR Ahlen endete, ist prima facie von einem irregulären Spielablauf auszugehen.
Der vom Einspruchsführer SV Wacker Burghausen erbrachte Beweis des ersten Anscheins konnte vom Einspruchsgegner LR Ahlen nicht entkräftet werden; im Gegenteil, die Aussage des Zeugen Hoyzer ergibt, dass dieser nur aus sportwidriger Motivation heraus den spielentscheidenden Strafstoß für LR Ahlen verhängt hat.

Die sportgerichtlichen Feststellungen beruhen auf den Aussagen des Schiedsrichters Hoyzer ... und sind durch die Beweisaufnahme erwiesen.
...

Die Feststellungen zur sportwidrigen Verhängung des spielentscheidenden Strafstoßes und damit zum Vorliegen einer tatsächlichen Spielmanipulation beruhen ebenfalls auf der Aussage des Zeugen Hoyzer, wobei es von Rechts wegen angesichts des Beweises des ersten Anscheins bereits ausreicht, dass der LR Ahlen nicht den positiven Beweis erbringen konnte, dass der Spielablauf trotz der vor Spielbeginn zu Gunsten von LR Ahlen getroffenen Manipulationsabrede vom Schiedsrichter nicht sportwidrig beeinflusst worden ist.

Zwischen den Parteien ist unstreitig, dass der Ball die Hand des Burghausener Spielers Trivunovic berührt hat, was durch die Aussage des Spielers Svitlica und den verlesenen Bericht des Schiedsrichterbeobachters Schmidhuber bestätigt wird. Beide Zeugen konnten jedoch mit ihrer Aussage die Aussage des Zeugen Hoyzer nicht entkräften, der bekundet hatte, das Vorliegen eines „absichtlichen" Handspiels nur auf Grund des Manipulationsvorhabens wider besseres Wissen angenommen zu haben.

Da der Einspruchsgrund weder von LR Ahlen noch von SV Wacker Burghausen zu verantworten ist, war auf Annullierung des Spielergebnisses und Neuansetzung zu entscheiden. …

Anmerkung: Spielwiederholung bei Manipulationsabrede des Schiedsrichters (Hoyzer) und von diesem bewusst vorgenommene falsche Regelanwendung (er gab einen Elfmeter, der keiner war).

Ergebnis: JA (RV)

16 Tatsachenentscheidung oder Regelverstoß des Schiedsrichters beim Elfmeterschießen

DFB-Sportgericht, Urteil vom 23. 12. 2005

Az.: Entscheidung Nr. 99/2005/2006 – nicht veröffentlicht –

1. ***Der Einspruch des 1. FC Kaiserslautern gegen die Wertung des Spiels um den DFB-Vereinspokal zwischen dem 1. FC Kaiserslautern und dem 1. FSV Mainz 05 am 20. Dezember 2005 in Kaiserslautern wird zurückgewiesen. …***

Tatbestand:
1. Am 23. Dezember 2005 hat das DFB-Sportgericht mit Einzelrichterentscheidung gemäß § 15 der Rechts- und Verfahrensordnung des DFB den Einspruch des 1. FC Kaiserslautern gegen die Wertung des Spiels um den DFB-Vereinspokal zwischen dem 1. FC Kaiserslautern und dem 1. FSV Mainz 05 am 20. Dezember 2005 in Kaiserslautern zurückgewiesen. …

2. Gegenstand der Entscheidung ist folgender Sachverhalt:
Das Achtelfinalspiel um den DFB-Vereinspokal zwischen dem 1. FC Kaiserslautern und dem 1. FSV Mainz 05 am 20. Dezember 2005 stand nach Ablauf der verlängerten Spielzeit 1:1 unentschieden, weshalb die Ent-

scheidung durch Elfmeterschießen herbeigeführt wurde. Das Endergebnis lautete 5:4 für den 1. FSV Mainz 05. Die ersten beiden Strafstöße des Elfmeterschießens führten beim 1. FC Kaiserslautern, nicht aber beim 1. FSV Mainz 05 zum Torerfolg. Als dritter Schütze des 1. FC Kaiserslautern trat der Spieler Zandi an und schoss den Ball gegen die Unterkante der Oberlatte. Von dort sprang der Ball zu Boden und berührte diesen nach Auffassung des 1. FC Kaiserlautern hinter der Torlinie. Schiedsrichter Weiner bewertete die Situation so, dass der Ball nicht die Torlinie in vollem Umfang überschritten hatte und erkannte deshalb nicht auf Torerfolg für den 1. FC Kaiserslautern.
Die nachfolgenden Strafstöße wurden von Spielern des 1. FSV Mainz 05 sämtlich verwandelt, von den Schützen des 1. FC Kaiserslautern hingegen in zwei Fällen vergeben. …

Gründe:
5. Der Einspruch ist zulässig, jedoch in der Sache nicht begründet und daher zurückzuweisen. Dabei kommt es im Ergebnis für das sportgerichtliche Verfahren nicht darauf an, ob der Ball tatsächlich die Torlinie überschritten hat, weshalb diese Frage offen bleiben kann.
a) Ein Einspruchsgrund gemäß § 17 Nr. 2 c) der Rechts- und Verfahrensordnung des DFB liegt nicht vor, da der Schiedsrichter keinen Regelverstoß begangen hat. Das Fußballrecht unterscheidet zwischen der Feststellung eines Sachverhalts und der Anwendung der Spielregeln auf einen festgestellten Sachverhalt. Beide Aufgaben sind während eines Fußballspiels ausschließlich dem eingeteilten Schiedsrichter übertragen. Gemäß Regel 5 der Fußball-Regeln hat der Schiedsrichter die Aufgabe, Entscheidungen über Tatsachen, die mit dem Spiel zusammenhängen, zu treffen. Seine Entscheidungen über Tatsachen sind nach dem klaren Wortlaut der Regel 5 endgültig und folglich unanfechtbar. Um Zweifelsfragen vorzubeugen, hat der International Football Association Board der FIFA in seiner Entscheidung Nr. 3 zur Regel 5 ausdrücklich festgestellt, dass zu den ausschließlich vom Schiedsrichter festzustellenden Tatsachen, die mit dem Spiel zusammenhängen, auch das Ergebnis eines Spiels sowie die Entscheidung, ob ein Tor erzielt wurde oder nicht, gehören.
Bei einem Spiel um den DFB-Vereinspokal wird der Sieger eines Spiels durch Elfmeterschießen ermittelt, wenn das Spiel nach Ablauf der verlängerten Spielzeit unentschieden steht. Entgegen der Auffassung des Einspruchsführers gehört folglich auch das Elfmeterschießen noch zum

Spiel und unterliegt hinsichtlich der Rechte, Pflichten und Aufgaben des Schiedsrichters ebenfalls den Bestimmungen der Regel 5. Die Entscheidung des Schiedsrichters Weiner, dass der vom Spieler Zandi ausgeführte dritte Strafstoß des 1. FC Kaiserslautern nicht zum Torerfolg geführt hat, ist folglich endgültig und unanfechtbar.
b) Das Vorliegen eines anderen in § 17 Nr. 2 normierten Einspruchsgrunds ist vom Einspruchsführer nicht vorgetragen worden, insbesondere wurde der Vorwurf einer Spielmanipulation nicht erhoben.
Um es klar zu formulieren: die Feststellung des Schiedsrichters erfolgt entweder auf der Grundlage seiner eigenen (mag diese objektiv richtig oder unrichtig sein) Wahrnehmung oder entgegen seiner Wahrnehmung auf der Grundlage einer sportwidrigen (Manipulations-)Absicht. Letzteres würde (wie in den sportgerichtlichen Fällen zum Wett- und Manipulationsskandal mehrfach entschieden) einen Spieleinspruchsgrund darstellen, ist vorliegend aber offenkundig nicht gegeben und wurde auch vom 1. FC Kaiserslautern nicht behauptet.
Ein bloßer Wahrnehmungsfehler stellt hingegen, selbst wenn er auf Nachlässigkeit oder pflichtwidriger Unaufmerksamkeit beruhen sollte, nach dem weltweit zur Anwendung kommenden Fußballrecht der FIFA und all seiner Mitgliedsverbände keinen Einspruchsgrund, sondern eine unanfechtbare Tatsachenentscheidung dar.
c) Soweit der Einspruchsführer sich auf den Generaltatbestand des § 17 Nr. 2 der Rechts- und Verfahrensordnung des DFB stützt, kann dies schon deshalb nicht zum Erfolg führen, weil Regel 5 der Fußballregeln, wie vorstehend ausgeführt, im vorliegenden Fall die Unanfechtbarkeit der Schiedsrichterentscheidung ausdrücklich festschreibt und ein Einspruch gegen die Spielwertung in einem solchen Fall folglich ausgeschlossen ist.
d) Ebenso wenig vermag der Einspruchsführer den Erfolg seines Einspruchs aus dem Fair-Play-Gedanken abzuleiten. Dies ergibt sich bereits aus dem Umstand, dass es wenig „fair" erscheint, für das Ausscheiden aus dem DFB-Vereinspokal im Elfmeterschießen ausschließlich den behaupteten Wahrnehmungsfehler des Schiedsrichters verantwortlich zu machen und den Umstand außer Acht zu lassen, dass zwei weitere Spieler des Einspruchsführers ihre Strafstöße nicht zum Torerfolg führen konnten. Im Gegenteil: das Fair-Play-Gebot gebietet es im Interesse des Fußballs, Fehler von Spielteilnehmern hinzunehmen. Das gilt für Fehler von Mitspielern genauso wie für Fehler von Schiedsrichtern. …

Anmerkung: Tatsächliches Fehlen eines Einspruchsgrundes: Endgültigkeit der Tatsachenentscheidung des Schiedsrichters.

Ergebnis: NEIN (TE)

Spielwertung/Torzählung/Rechenfehler/Regelverstoß/Tatsachenentscheidung 17

1. ***Das im Schiedsrichterbericht festgeschriebene Ergebnis eines Spieles, das auf einem Rechenfehler der Schiedsrichter während des Spiels basiert, kann nicht einfach durch nachträgliche Korrektur behoben werden, da der Rechenfehler Einfluss auf den weiteren Verlauf des Spiels und das Verhalten der spielenden Mannschaften haben kann.***
2. ***Die fehlerhafte Zählung der Tore stellt keine Tatsachenfeststellung oder Beurteilung durch die Schiedsrichter dar, sondern ist eine Entscheidung die die Schiedsrichter nach der entsprechenden Tatsachenfeststellung getroffen haben. Die Entscheidung ist justiziabel. (Leitsätze der Redaktion)***

DHB-Bundessportgericht, Urteil vom 13. 4. 2006 (2/2006).

Fundstelle: SportR 15/19/15

Aus dem Tatbestand:
Am 25. 3. 2006 fand ein Meisterschaftsspiel der 1. Bundesliga Männer zwischen der SG K. (Heimmannschaft) und der HSG D. statt. Beim Spielstand vom 10:8 für die Heimmannschaft erzielte nach etwa 25 Minuten Spielzeit der Spieler B. ein Tor für die HSG D., das von den Schiedsrichtern als gültiges Tor gegeben wurde. Als daraufhin auf der offiziellen Toranzeige in der Sporthalle das Zwischenergebnis 11:8 erschien, protestierte die HSG D. dagegen und verlangte eine Klärung und gegebenenfalls eine Korrektur. Auch der offizielle Hallensprecher wies über die Lautsprecheranlage darauf hin, dass ein Spielstand 11:8 nicht richtig sein könne. Die Schiedsrichter berieten sich daraufhin mit dem Kampfgericht und stellten den aktuellen Spielstand nach dem Torerfolg von B. mit 11:9 fest. Weitere Proteste gegen den nunmehr offiziell angenommenen Spielstand 11:9 blieben erfolglos. Auf der Basis dieses Zwischenstandes wurde die Torfolge für das Spiel fortgezählt mit einem Halbzeitergebnis von 15:11 zugunsten der Heimmannschaft und einem Endergebnis von 26:25 ebenfalls zugunsten von SG K. HSG D. kündigte auf dem Spielbericht einen Einspruch gegen die Wertung des Spiels an,

und zwar mit der Begründung, dass in der 25. Spielminute der Spieler B. das 10:9 erzielt habe, auf der Anzeigentafel fälschlicherweise 11:8 erschienen sei und das Ergebnis von den Schiedsrichtern lediglich auf 11:9 korrigiert wurde, ohne das für K. zu viel angezeigte Tor aus der Addition der Tore herauszunehmen.

Der Einspruch ist von der HSG D. sodann auch ausgeführt worden, und zwar auf der Basis dieses Sachverhalts mit dem Argument, dass die falsche Zählweise der Tore zu einer falschen Ergebnisfeststellung zum Nachteil der HSG D. geführt habe, wobei es sich bei der falschen Zählweise der Tore um einen spielentscheidenden Regelverstoß der Schiedsrichter gehandelt habe, zumal das Spiel nur mit einem Tor Unterschied zugunsten der SG K. ausgegangen sei.

Der Einspruchsführer beantragt in erster Linie die Wertung des ausgetragenen M-Spiels entsprechend der tatsächlich erzielten und von den Schiedsrichtern gegebenen Zahl der Tore mit Unentschieden 25:25. Nach einem Hinweis des Vorsitzenden des Bundessportgerichts auf die mögliche Unzulässigkeit eines solchen Antrags stellt der Einspruchsführer hilfsweise den Antrag, das Meisterschaftsspiel wegen eines spielentscheidenden Regelverstoßes der Schiedsrichter neu anzusetzen. …

Aus den Gründen:

… Der Hauptantrag des Einspruchsführers, nämlich das Spiel anders zu werten als das im Schiedsrichterbericht mit 26:25 für K. festgestellte Endergebnis, wäre unzulässig. Nach den Ordnungen des DHB wäre ein solcher Antrag nicht auf eine durchführbare Entscheidung gerichtet. Insbesondere kann das Bundessportgericht der Auffassung des Einspruchsführers, dass nur das richtige Ergebnis festzustellen sei, was durch Korrektur eines Rechenfehlers zu erfolgen habe, nicht folgen. Das Bundessportgericht vertritt die Auffassung, dass auch ein Rechenfehler, der den Schiedsrichtern im Verlauf des Spiels unterläuft, Einfluss auf den weiteren Verlauf des Spiels und das Verhalten der spielenden Mannschaften haben kann, da sich die Mannschaften zunächst einmal darauf einrichten müssen, dass evtl. Fehler der Schiedsrichter nicht ohne weiteres korrigierbar sind oder korrigiert werden. Es ist nie auszuschließen, dass sich eine spielende Mannschaft exakt auf ein – wenn auch fehlerhaft – festgestelltes Ergebnis einrichtet und entsprechend spielt. Aus diesen Gründen sieht das Bundessportgericht keinen Anlass, außerhalb der gegebenen Ordnungen des DHB einen Tatbestand zu schaffen, bei dem das im Schiedsrichterbericht festgeschriebene Ergebnis eines Spiels von den Zah-

len her zu korrigieren sein könnte. Etwas anderes wird sicherlich gelten, wenn nach Abschluss des Spiels das zahlenmäßige Ergebnis richtig festgestellt und im Schiedsrichterbericht eingetragen wird, irrtümlicherweise aber der falsche Verein als Sieger bezeichnet wird. Ein solcher Irrtum nach Abschluss des Spiels wäre ohne weiteres von der spielleitenden Stelle nach den Grundsätzen der Korrektur von Rechenfehlern und Schreibfehlern zu bereinigen.
Vorliegend war also lediglich nach dem vom Einspruchsführer gestellten Hilfsantrag zu verfahren. Dabei konnte sich das Bundessportgericht erfreulicherweise auf einen letztlich zwischen allen Beteiligten völlig unstreitigen Sachverhalt stützen.
Danach sind die Schiedsrichter zunächst durch die offizielle Toranzeige in der Halle irritiert worden. Sie haben im Gespräch mit dem Kampfgericht versucht, die richtige Torzählung nachzuvollziehen, was ihnen im Hinblick auf das von D. erzielte neunte Tor gelungen ist. Allerdings wurde das irrtümlich für K. zu viel angezeigte elfte Tor nicht aus der Torzählung gestrichen. Hierzu hat der Sekretär F. die Erörterung mit den Schiedsrichtern dahingehend dargestellt, dass diese zunächst die Korrektur des nicht angezeigten und nicht gezählten neunten Tores für D. vorgenommen hätten, was auch korrekt gewesen sei, dass die Schiedsrichter aber nicht bereit gewesen seien, ein angeblich zu viel angezeigtes Tor für K. zurückzunehmen. Deshalb habe er, F., bei seiner Strichliste ein zusätzliches Tor für K. bei dem Spieler mit der Nr. 13, J., angestrichen. Aus diesem Grunde konnte dann eine spätere nochmalige Kontrolle und Zählung anhand der Strichliste nicht mehr zum richtigen Ergebnis führen.
Die hiernach vom Bundessportgericht festgestellte fehlerhafte Zählung der Tore (letztlich nur noch des elften Tores für K.) stellt auch – entgegen der Auffassung von K. – keine Tatsachenfeststellung oder Beurteilung durch die Schiedsrichter dar, sondern betrifft die Entscheidung, die die Schiedsrichter nach der entsprechenden Tatsachenfeststellung getroffen haben. Die von den Schiedsrichtern zu treffende Tatsachenfeststellung war das Anerkenntnis des neunten Tores für die HSG D. durch den Spieler B., was durch entsprechenden Pfiff und entsprechende Handzeichen von den Schiedsrichtern eindeutig angezeigt worden war. Wenn danach dieses gegebene Tor nicht in der Zählliste auftaucht oder auf der falschen Seite der Zählliste registriert wird, so ist dies eine Entscheidung der Schiedsrichter, die sie nach den Regeln zu treffen haben und die justiziabel ist. Derartige Fehler stellen sich letztlich als ein Verstoß gegen Regel

9:3 der Internationalen Handballregeln dar. In Regel 9 ist sodann vorgeschrieben, dass die Mannschaft, die mehr Tore erzielt hat als die gegnerische Mannschaft, Sieger ist, und dass bei gleicher Anzahl von Toren oder keinem erzielten Tor das Spiel unentschieden ausgegangen ist. Dieser Absatz der Regel beinhaltet zwangsläufig die Notwendigkeit, die erzielten und anerkannten Tore auch richtig aufzulisten. Insoweit ist eine falsche Zählung ein Regelverstoß gegen die Regel 9:3.

Danach ist vorliegend das Bundessportgericht auch zu dem Ergebnis gekommen, dass dieser Regelverstoß spielentscheidend im Sinne von § 28 Abs. 2 RO DHB war. Das Bundessportgericht folgt der ständigen Rechtsprechung der Gerichte des Deutschen Handballbundes, wonach ein Regelverstoß immer dann als spielentscheidend angesehen werden kann, wenn das Spiel mit einem Torergebnis endete, bei dem der Regelverstoß eine entscheidende Bedeutung gehabt haben kann. Hier ist das Spiel mit einem Tor Unterschied zugunsten von K. ausgegangen, sodass die falsche Zählung von einem Tor zugunsten von K. gerade den Vorteil gebracht hat, den K. nach dem zahlenmäßigen Ausgang des Spieles hatte. Ohne dieses eine Tor wäre das Spielergebnis ein Unentschieden gewesen. Dabei brauchte das Bundessportgericht nicht festzustellen, dass die falsche Zählung tatsächlich zu dem falschen Ergebnis geführt hat, sondern es reicht nach der ständigen Rechtsprechung der Gerichte des Deutschen Handballbundes aus, wenn die Rechtsinstanz die Folgen eines Regelverstoßes aus ihrer Sicht für spielentscheidend hält. Dies entspricht aus dem Wortlaut von § 28 Abs. 2 RO DHB. Eine konkrete Feststellung, wonach das Spiel ohne den Fehler tatsächlich anders ausgegangen wäre, ist danach nicht erforderlich. Darüber hinaus verbieten sich psychologische Überlegungen, wie sich Mannschaften angesichts eines bestimmten Spielstandes zum Ende des Spiels hin taktisch einstellen. Derartige Einflüsse sind nicht fassbar und nicht messbar, sodass die Rechtsinstanz auf das Zählen von Toren angewiesen ist. Wenn man denn – wie SG K. ausgeführt hat – ein Spiel „nach Hause fahren" will, so würde ja nichts näher liegen, als dann auch einen möglichen Fehler der Schiedsrichter bei der Torzählung – der vorliegend ja auch von allen Beteiligten festgestellt worden war – einzukalkulieren und statt auf eine Schlussdifferenz von einem Tor auf eine solche von zwei Toren zu spielen. Alle diese Überlegungen zeigen, dass man damit nur noch im spekulativen Bereich landen kann. Deshalb war vorliegend nach der Feststellung eines zu viel gezählten Tores bei einem Spielausgang mit nur einem Tor Unterschied wie geschehen zu erkennen. …

Anmerkung: Ein Einspruchsgrund könne nur zu einer Spielwiederholung, nicht zu einer direkten Ergebniskorrektur führen. Fehlerhaftes Zählen sei keine Tatsachenfeststellung, sondern sei justiziabel. Die bei Spielwiederholung bestehende Benachteiligung der gegnerischen Mannschaft, die selbst bei Mitzählen des gegnerischen fehlerhaften Tores immer noch ein Unentschieden erzielt hätte, wird nicht problematisiert (siehe unten V).

Ergebnis: JA (RV)

Auswahl der Strafstoßschützen beim Strafstoßschießen/Regelverstoß 18

Das Sportgericht des DFB hat … am 7. 9. 2006 im schriftlichen Verfahren für Recht erkannt:

1. ***Auf den Einspruch des SC Regensburg vom 4. 9. 2006 hin wird die Wertung des DFB-Vereinspokalspiels der Frauen SV Weinberg gegen SC Regensburg vom 3. 9. 2006 gemäß § 17 Nr. 2 c) der Rechts- und Verfahrensordnung des DFB aufgehoben.***
2. ***Das Vereinspokalspiel SV Weinberg gegen SC Regensburg ist neu anzusetzen. …***

Az.: Entscheidung Nr. 15/2006/2007 – nicht veröffentlicht –

Gründe:
Das DFB-Vereinspokalspiel der Frauen SV Weinberg gegen SC Regensburg am 3. 9. 2006 stand nach Ablauf von 90 Minuten und der sich anschließenden Verlängerung 2:2 und musste deshalb im Elfmeterschießen entschieden werden.
Nach den ersten fünf Schützinnen war immer noch keine Siegermannschaft ermittelt, der Spielstand war 5:5.
Auf Anordnung der Schiedsrichterin Christiane Söder wurden die beiden Torhüterinnen als nächstes zur Strafstoßausführung aufgefordert. Die Torhüterin des SC Regensburg konnte, anders als die Torhüterin des SV Weinberg, den Strafstoß nicht verwandeln, weshalb das Spiel mit 6:5 für den SV Weinberg endete.
Diese Anordnung der Schiedsrichterin widerspricht nach Auffassung des SC Regensburg den vorgeschriebenen Vorgehensweisen zur Ermittlung eines Siegers, wonach jede Mannschaft selbst bestimmen darf, in welcher Reihenfolge die Spielerinnen zum Strafstoßschießen anzutreten haben.

Der SC Regensburg hat wegen dieses Vorfalls form- und fristgerecht unter Einzahlung der Gebühr Einspruch eingelegt und die Neuansetzung des Spiels beantragt.
Der Kontrollausschuss hat angeregt, wegen eines Regelverstoßes der Schiedsrichterin dem Antrag stattzugeben.

Die Schiedsrichterin Christiane Söder hat in ihrer Stellungnahme gegenüber dem Sportgericht eingeräumt, irrtümlich von falschen Vorschriften für das Strafstoßschießen ausgegangen zu sein und deshalb zu Unrecht die Torhüterin des SC Regensburg als sechste Schützin bestimmt zu haben.

Gemäß § 17 Nr. 2 c) der Rechts- und Verfahrensordnung des DFB war dem Einspruch stattzugeben, da die Schiedsrichterin einen Regelverstoß begangen hat, der mit hoher Wahrscheinlichkeit die Spielwertung als verloren beeinflusst hat. Die Auswahl der Strafstoßschützen beim Strafstoßschießen ist Sache jeder Mannschaft, eine Vorschrift, dass die Torhüterin als sechste Schützin an der Reihe sein muss, besteht nicht. …

Anmerkung: Regelwidrige Bestimmung eines Spielers zum Schützen beim Elfmeterschießen durch den Schiedsrichter entgegen der in den Regeln vorgesehenen Reihenfolge.

Ergebnis: JA (RV)

19 Doppelte Ausführung eines Strafstoßes beim Elfmeterschießen

Spruchkammer Aktiv des Saarländischen Fußballverbandes

Az.: Entscheidung Nr. 1496-07/08 – nicht veröffentlicht –

Auf den Protest des SV Karlsbrunn ist das Spiel zu wiederholen. …

Gründe:
Der Protest ist zulässig und begründet. …
Begründet ist ein Protest u. a., wenn ein Verstoß des Schiedsrichters gegen die Fußballregeln gegeben ist und dieser Verstoß mit hoher Wahrscheinlichkeit geeignet war, auf das Spielergebnis einen entscheidenden Einfluss auszuüben. Das ist nach Auffassung der Kammer der Fall.
Der Schiedsrichter hat an Stelle eines verletzten Spielers beim Stande von 9:8 für Karlsbrunn einen Spieler zur Ausführung des Strafstoßes zugelassen, der bereit einen Strafstoß im ersten 5er-Durchgang ausgeführt

hatte. Das ist nach den Fußballregeln nicht erlaubt. Somit hätte das Spiel regulär 9:8 für den Protestführer geendet. Damit steht auch fest, dass der Regelverstoß mit hoher Wahrscheinlichkeit geeignet war, auf das Ergebnis einen entscheidenden Einfluss auszuüben.
Rechtsfolge ist somit die Spielwiederholung. Etwas anderes würde dann gelten, wenn den Verein ein Verschulden träfe. Die Kammer kommt hinsichtlich dieser Frage jedoch zu dem Ergebnis, dass der Protestgegner ohne Verschulden gehandelt hat und zwar auch nicht wegen der ausdrücklichen Zulassung des an sich nicht ausführungsberechtigten Spielers. . . .

Anmerkung: Regelverstoß, wenn Spieler vor Durchlaufen aller Mannschaftsmitglieder beim Elfmeterschießen zum zweiten Mal schießt.

Ergebnis: JA (RV)

Regelwidriger Spielplatzaufbau und Ergebnisumwertung (Torstreit Dattenfeld) 20

1. ***Ein Verstoß gegen eine Fußballregel (ordnungsgemäßer Spielplatzaufbau) ist auch dann ein Einspruchsgrund entsprechend § 17 Abs. 2 c) RuVO DFB und § 42 Abs. 2 c) RuVO WFLV, wenn kein Regelverstoß des Schiedsrichters vorliegt.***
2. ***Der Einspruchsgrund eines „nicht korrekten Spielverlaufes“ ist dem Sportregelwerk und dem Verfahrensrecht des DFB und des WFLV bei Einsprüchen gegen die Wertung eines Spieles fremd.***
3. ***Der Einspruch gegen die Wertung eines Fußballspiels wegen eines mangelhaften Spielplatzaufbaus ist nur dann begründet, wenn der Regelverstoß die Spielwertung als verloren oder unentschieden mit hoher Wahrscheinlichkeit beeinflusst hat. Dem Einspruchsführer obliegt dafür die Darlegungs- und Beweislast.***

DFB-Bundesgericht, Urteil vom 23. 1. 2008 – 4/2007/2008 –

Fundstelle: SpuRt 2008, 173 ff.

Sachverhalt:
Am 12. August 2007 empfing der Fußball-Club Germania Dattenfeld 1910 e.V. den SV 19 Straelen e.V. zu einem Meisterschaftsspiel in der Oberliga Nordrhein. Die Gastmannschaft des SV Straelen beschwerte

sich vor Anpfiff des Spiels schriftlich beim Schiedsrichter, dass die Tore nicht die erforderlichen Maße aufwiesen. Eine sofortige Überprüfung der beiden Tore durch den Schiedsrichter mittels eines Zollstockes ergab, dass beide Torlatten nicht die vorgeschriebene lichte Höhe von 2,44 Metern aufwiesen. Eine Torlatte unterschritt die vorgeschriebene Höhe in der Mitte um 21 Zentimeter, die andere um 20 Zentimeter.
Der Schiedsrichter entschied, das Spiel anzupfeifen. Er gab dem gastgebenden Verein nicht die Möglichkeit, die Tore vorschriftsmäßig herzurichten. Der gastgebende Verein FC Germania Dattenfeld gewann das Spiel mit 4:0 (3:0), wobei die Spieler des SV Straelen während des Spiels weder die Latte getroffen oder auch nur knapp über das Tor geschossen haben. Der SV Straelen legte gegen die Spielwertung Einspruch ein. …

Aus den Gründen:
…
IV. … Die Entscheidung des Berufungsgerichts, die Verletzung der Fußballregel Nr. 1 habe zu einem irregulären Spielverlauf geführt, der auch ohne Einfluss auf das Spielergebnis zur Spielwiederholung führen müsse, kann nicht aufrecht erhalten werden. Sie enthält eine unzutreffende Auslegung des Regelwerkes hinsichtlich der Schiedsrichterkompetenz, was zu falschen Ergebnissen führt, und beruht auf einer unrichtigen Beurteilung der Voraussetzungen für eine Spielumwertung nach einer Regelverletzung. …

1. Das Berufungsgericht geht zu Recht von einem Regelverstoß aus. Berührt ist die Fußballregel 1 („Das Spielfeld“) mit seinem Abschnitt „Die Tore“. Darin heißt es wörtlich: „Die Unterkante der Querlatte ist 2,44 m vom Boden entfernt.“ …

2. Nach der Feststellung einer Regelverletzung schließt sich zwingend die Frage an, ob sie wegen einer nachfolgenden Tatsachenentscheidung des Schiedsrichters unanfechtbar, also unbeachtlich, geworden ist oder ein Regelverstoß des Schiedsrichters vorlag. Eine Auseinandersetzung mit dieser Problematik verneint die Vorinstanz mit der Begründung, wonach der Schiedsrichter vor dem Spiel keine Kompetenz habe, über mit dem Spiel zusammenhängende Tatsachen endgültig zu entscheiden. Dies ist unzutreffend. Die Vollmacht des Schiedsrichters beschränkt sich nicht auf die Zeit zwischen An- und Abpfiff. Dies ergibt sich aus der in der Fußballregel 5 („Der Schiedsrichter“) umschriebenen unbeschränkten Vollmacht des Schiedsrichters, den Fußballregeln in dem Spiel Geltung

zu verschaffen, für das er nominiert wurde. ... Danach hat der Schiedsrichter vor Spielbeginn das Spielfeld und den Platzaufbau (mit den Toren) zu prüfen, um sich davon zu überzeugen, dass alles in Ordnung ist. Damit obliegt ihm eindeutig die Entscheidung über die Ordnungsgemäßheit der Tore.
Entscheidungserheblich sind nach der Feststellung des Regelverstoßes drei Fragen:

Lag eine Tatsachenentscheidung des Schiedsrichters vor, die das Spiel mit irregulären Torhöhen unanfechtbar machte?
Beging der Schiedsrichter einen Regelverstoß mit der sich daran schließenden Prüfung, ob der Regelverstoß das Spielergebnis mit hoher Wahrscheinlichkeit beeinflusst hat?
Oder lag „nur" ein Verstoß gegen die Regel 1 vor, und welche Folgen sind daraus für die Spielwertung zu ziehen?

3. *Die also im vorliegenden Fall zu prüfende Frage, ob der Anpfiff zum Spiel eine Tatsachenentscheidung hinsichtlich der Torhöhe enthielt, ist allerdings zu verneinen. Die Entscheidung zur Durchführung des Spiels erledigte nicht die Problematik der regelwidrigen Torhöhen in Dattenfeld, weil die Voraussetzungen einer Tatsachenentscheidung nicht vorlagen.*
Eine Tatsachenentscheidung ist gegeben, wenn der Schiedsrichter auf den von ihm erkannten Sachverhalt die richtige Regel angewandt hat.
Nach dem vom Schiedsrichter nach getroffener Abmessung erkannten und im Schiedsrichterbericht festgehaltenen sowie vor dem Bundesgericht bestätigten Sachverhalt war eindeutig, dass die Torhöhen nicht der Regel 1 entsprachen. Die Spieldurchführung erfolgte trotzdem und nicht etwa, weil nach seiner Erkenntnis die Torhöhen der Regel entsprachen. Hätte er das Spiel nach dem ersten Augenschein und ohne Beanstandungen Dritter angepfiffen, dann hätte seine unanfechtbare Tatsachenentscheidung darin gelegen, die nicht als nicht beanstandbar eingeschätzte Torhöhe als regelgerecht anzusehen. Der von ihm – fehlerhaft – erkannte Sachverhalt richtiger Torhöhen hätte dann die Anerkennung ordnungsgemäßen Platzaufbaus zur Folge gehabt, und das, obwohl tatsächlich die Regel verletzt war. Tatsachenentscheidungen sind immer dadurch geprägt, dass ein vom Schiedsrichter falsch beurteilter Sachverhalt zu einem objektiven Regelverstoß führt. Im Bewusstsein möglicher und verständlicher Irrtümer des Schiedsrichters über die Vorfälle des Spielgeschehens hat die FIFA der Tatsachenentscheidung des Schiedsrichters die weitreichende Geltung verliehen.

Wird also auf den erkannten Sachverhalt die richtige Regel angewandt, so bleibt die Entscheidung von Bestand. Damit fallen die meisten Entscheidungen auf dem Platz und nicht vor den Sportgerichten.

4. Notwendigerweise stellt sich auch die Frage nach einem möglichen Regelverstoß des Schiedsrichters. Ein Regelverstoß liegt nach DFB-Rechtsverständnis – die FIFA kennt in ihrem Recht den spezifischen Einspruchsgrund „Regelverstoß nicht – vor, wenn der Schiedsrichter auf den von ihm festgestellten Sachverhalt – auch wenn dieser dem realen Geschehen nicht entspricht – nicht die richtige Regel angewandt hat …
Mit dem Anpfiff zur Durchführung des Spiels beging der Schiedsrichter keinen Regelverstoß.
Die Regel Nr. 1 enthält kein Verbot, das Spiel bei festgestellter zu geringer Torhöhe anzupfeifen. Es gilt im Gegenteil der Grundsatz für die Schiedsrichter, Spiele grundsätzlich durchführen zu lassen. Dies hat der Schiedsrichter-Lehrwart des DFB … bei seiner Anhörung als Sachverständiger in der mündlichen Verhandlung mit Nachdruck bestätigt. Danach ist ein Spiel unter allen Umständen durchzuführen. Allerdings müsse dem Platzverein die Gelegenheit gegeben werden, einen erkannten Mangel innerhalb von dreißig Minuten zu beheben. Auch dies sei Bestandteil der Lehre.
…
Damit verstieß der Schiedsrichter allenfalls gegen eine Anweisung des DFB, als er dem FC Germania Dattenfeld keine Gelegenheit gab, die Mängel abzustellen. Einen Regelverstoß beging er nicht.
…
Der Lehre des DFB entspricht offensichtlich auch die Verfahrensvorschrift der Spielordnung des WFLV. Danach kann der Schiedsrichter trotz geltend gemachter Einwendungen gegen den Aufbau des Spielfeldes das Spiel durchführen lassen, wenn er dem Platzverein nach Lage der Sache eine angemessene Frist zur Beseitigung der Mängel gegeben hat. Die Durchführung erledigt die Mängeleinrede nicht. Über sie entscheidet die Sportgerichtsbarkeit, wenn der Betroffene von der ausdrücklich eingeräumten Möglichkeit des Einspruchs gegen die Spielwertung nach § 42 der Rechts- und Verfahrensordnung des WFLV Gebrauch macht.
Weil nach dem Gesagten kein Regelverstoß des Schiedsrichters vorliegt, kann die sich daraus ansonsten ableitende Rechtsfolge einer Spielwiederholung nicht begründet werden.
…

V. Das Berufungsgericht hat seine Entscheidung zugunsten einer Spielwiederholung ganz wesentlich damit begründet und ausreichend sein lassen, dass die erheblich zu geringen Torhöhen zu einem „nicht korrekten Spielverlauf" geführt hätten, was zwingend zu Spielwiederholung führen müsse. Dem folgt das Bundesgericht nicht.

1. Die begriffliche Neuanschaffung eines „nicht korrekten Spielverlaufs" als Einspruchsgrund ist in dem Regelwerk und dem Verfahrensrecht bei Einsprüchen gegen die Wertung eines Spiels fremd. Die Folgerung ist zudem nicht zwingend. Ein trotz nicht regelrechter Tore ausgeführtes Spiel hat nicht zwangsläufig einen „nicht korrekten Spielverlauf" zur Folge. Davon kann man nur dann ausgehen, wenn die irregulären Tore Einfluss auf das Spielergebnis gehabt haben. Dies jedoch bedürfte konkreten Nachweises, an dem es mangels irgendwelcher Anhaltspunkte fehlt.

2. Die festgestellte Verletzung der Regel Nr. 1 führt entgegen der Ansicht der Vorinstanz nicht zwangsläufig zu einer Spielwiederholung. Ein folgenreicher Einspruch gegen die Spielwertung setzt den konkreten Nachweis voraus, dass der Regelverstoß die Spielwertung als verloren oder unentschieden mit hoher Wahrscheinlichkeit beeinflusst hat. Damit ist der Einspruchsführer beweispflichtig für den Regelverstoß und seine Kausalität für das den Einspruchsführer benachteiligende Ereignis. Nicht bloß der Nachteil der Niederlage ist damit ausreichend, sondern seine konkrete Rückführung auf die Verletzung der Regel Nr. 1.
Die Befugnis, über die Folgen von Regelverstößen als Verstöße gegen DFB-Recht zu befinden, liegt beim DFB. Bezüglich der Regelverstöße des Schiedsrichters hat er eine solche Regelung getroffen. Sie findet sich in § 17 Nr. 2 c) der Rechts- und Verfahrensordnung des DFB. Danach können Einsprüche gegen einen Regelverstoß des Schiedsrichters nur mit der sachlichen Begründung erhoben werden, dass der Regelverstoß die Spielwertung als verloren oder unentschieden mit hoher Wahrscheinlichkeit beeinflusst hat. Bezüglich eines Verstoßes gegen eine Fußballregel, die kein Regelverstoß des Schiedsrichters ist, gibt es erkennbar keine ausdrückliche Regelung. Im Wege der Rechtsfortbildung ist jedoch eine Anlehnung an die genannten Voraussetzungen sachgerecht und geboten. Es gelten nämlich auch in diesem Fall die gleichen Grundsätze.
Zu ihnen gehört, dass die Endgültigkeit der Feststellung des Spielergebnisses am Spielende einen überragenden Wert darstellt. Die FIFA verteidigt diesen Standpunkt mit Beharrlichkeit ... Dem im Spiel erzielten Ergebnis kommt grundsätzlich Bestandsschutz zu. Daraus folgt, dass eine

Wertung des Spiels „am grünen Tisch“ nur ausnahmsweise und unter strengen Voraussetzungen in Betracht kommt. Zu verlangen ist ein besonderes Rechtsschutzbedürfnis, begründet durch einen spielentscheidenden Nachteil in Folge der verletzten Spielregel. Ein Platzaufbaumangel und das durch ihn beeinflusste Spielergebnis schaffen einen solchen Nachteil und begründen ein Rechtsschutzinteresse an der ausnahmsweisen Umwertung. Spielt die Regelwidrigkeit jedoch während des abgelaufenen Spiels überhaupt keine ersichtliche Rolle, dann kann die aus anderen Gründen herbeigeführte Niederlage keinen Anspruch auf Spielumwertung begründen. …

3. Schließlich kann auch dem UEFA-Urteil vom 10. 10. 1997 im Protestverfahren des FC Sion gegen den FC Spartak Moskau keine entscheidungstragende Rolle zukommen. Zum einen entfaltet diese Entscheidung keine Bindungswirkung. Zum anderen hatte die Berufungsinstanz der UEFA nur über das Verlangen zu entscheiden, statt der von der ersten Instanz angeordneten Spielwiederholung auf Spielverlust zu erkennen. Die Grundsatzentscheidung der Anordnung einer Spielwiederholung wegen irregulärer Torhöhe war nicht angefochten worden. Zudem hat das Bundesgericht des DFB Zweifel daran, ob die getroffene Entscheidung auch heute noch ohne Rücksicht auf eine Kausalität zwischen Mangel und Spielergebnis getroffen würde. …

Anmerkung: Anpfiff des Schiedsrichters trotz deutlich zu niedriger Torhöhe (statt 2,44 m ca. 2,20 m) sei kein Regelverstoß im Sinne des § 17 Abs. 2c RuVO. Im Wege der Rechtsfortbildung wird diese Fallkonstellation wie eine solche des § 17 Abs. 2c RuVO behandelt. Dann müsse aber der Einspruchsführer die Kausalität für das Spielergebnis beweisen. Hier keine ersichtliche Rolle für das Endresultat.

Ergebnis: NEIN (RV analog)

21 Hockey/Regelverstoß/Tatsachenentscheidung

Hat der Schiedsrichter die Regel richtig ausgelegt, jedoch möglicherweise den Sachverhalt nicht richtig beurteilt, liegt eine Tatsachentscheidung vor, gegen die ein Protest nicht zulässig ist.

Widerspricht eine Entscheidung des Schiedsrichters den Regeln, geht dieser also von einer falschen Regel oder einer falschen Regelauslegung aus, so ist die Entscheidung auf Protest hin aufzu-

heben. Dies gilt jedoch nur, wenn durch sie der Spielausgang entscheidend beeinflusst worden ist. (Leitsätze der Redaktion)

DHOB-Bundesoberschiedsgericht, Schiedsurteil vom 21. 8. 1972

Fundstelle: SportR 16/20/1

Anmerkung: Der Hockey-Verband eröffnet bei Regelverstoß einen Protest, nicht aber bei einer falschen Tatsachenentscheidung des Schiedsrichters.

Ergebnis: JA/NEIN (RV/TE)

Turnen/Prellball/Spielwiederholung 22

Kann der Schiedsrichter nicht mit 100%iger Sicherheit bestätigen, dass ein Spielergebnis richtig angeschrieben worden ist, und räumt auch der Anschreiber ein, dass ihm während einer Lautsprecherdurchsage ein Fehler unterlaufen sein könnte, ist dem Einspruch gegen eine Spielwertung aufgrund eines Anschreibefehlers stattzugeben. (Leitsatz der Redaktion)

Schiedsgericht der Deutschen Prellball-Meisterschaften 1978, Entscheidung vom 29. 4. 1978

Fundstelle: SportR 15/48/2

Anmerkung: Bedenklich ist die Auffassung des Schiedsgerichts (= Verbandsgericht) der Deutschen Prellball-Meisterschaften, dass die Möglichkeit des falschen Anschreibens durch einen Schiedsrichter einen Einspruchsgrund darstelle. Diese Meinung steht im Gegensatz zu der herrschenden Meinung der deutschen Spitzenverbände, die insoweit Zweifel zu Lasten des Einspruchsführers werten (siehe nachfolgende Entscheidung Nr. 23).

Ergebnis: JA (RV)

Rugby/Bundesligaspiel/Unbespielbarkeit des Bodens/Spielwertung/Spielverlegung 23

Ob eine Mannschaft derart überlegen ist, dass sie ihren Gegner auf jeden Fall geschlagen hätte, entzieht sich der Überprüfbarkeit

des Schiedsgerichts und ist daher nicht relevant. … Leitsätze der Redaktion)

Schiedsgericht des Deutschen Rugby-Verbandes (DRV), Urteil vom 12. 12. 1992

Fundstelle: SportR 15/35/5

Anmerkung: Die interessante Frage, ob bei der Protestentscheidung berücksichtigt werden kann, wenn eine Mannschaft „haushoch“ überlegen ist, wird verneint.

Ergebnis: NEIN (RV)

24 Fußball/Spielwertung

1. ***Ein Regelverstoß liegt nur dann vor, wenn der Schiedsrichter auf einen von ihm festgestellten Sachverhalt oder Spielvorgang die falsche Regel anwendet. Es ist dabei unerheblich, ob ihm bei der Feststellung der für den Spielvorgang wesentlichen Tatsachen ein Irrtum unterlaufen ist.***
2. ***Es ist im Nachhinein betrachtet höchst wahrscheinlich, dass ein Strafstoß auch dann verwandelt worden wäre, wenn er gem. den Spielregeln hätte wiederholt werden müssen. (Leitsätze der Redaktion)***

DFB-Sportgericht, Urteil vom 14. 3. 1986 (Az.: 79/85/86)

Fundstelle: SportR 15/16/10

Anmerkung: Bei einem Regelverstoß des Schiedsrichters, der auf einer falschen Tatsachenfeststellung beruht, ist es unerheblich, dass dem Referee für den Spielvorgang ein Irrtum unterlaufen ist.

Ergebnis: JA (RV)

25 Fußball/Spielwertung

Erkennt ein Schiedsrichter ein Freistoßtor nicht an, weil der Freistoß nach seinem Bekunden ausgeführt worden sei, bevor er ihn freigegeben habe, bleibt diese Entscheidung unabhängig von der Widerlegung des vom Schiedsrichter festgestellten Sachverhalts durch Fernsehaufnahmen bestehen, weil der Nichtanerkennung

des Tores eine unanfechtbare Tatsachenentscheidung zugrunde liegt. (Leitsatz der Redaktion)

DFB-Sportgericht, Urteil vom 30. 10. 1986 (Az.: 37/86/87)

Fundstelle: SportR 15/16/12

Anmerkung: Die Entscheidung des Schiedsrichters, ob der Ball zum Freistoß freigegeben ist, könne nicht durch Fernsehaufnahmen widerlegt werden. Es bleibe eine endgültige Tatsachenentscheidung des Schiedsrichters.

Ergebnis: NEIN (TE)

Fußball/Spielwertung/Regelverstoß, spielentscheidender **26**

1. *Lässt sich nicht klären, ob ein Schiedsrichter einen Regelverstoß begangen oder eine falsche Tatsachenentscheidung getroffen hat, geht dies zu Lasten des einspruchsführenden Vereins.*
2. *Der einspruchführende Verein trägt deshalb die Beweislast für das Vorliegen eines behaupteten Regelverstoßes, weil die Wiederholung eines ausgetragenen Fußballspiels schon aus allgemeinen sportrechtlichen Erwägungen die Ausnahme bleiben muss.*
3. *Voraussetzung für die Begründetheit – wenn nicht schon für die Zulässigkeit – eines auf § 25 Nr. 2c DFB-SpO gestützten Einspruchs ist eine spielentscheidende Benachteiligung der Mannschaft des einspruchsführenden Vereins. Bei der Prüfung, ob eine derartige Benachteiligung eingetreten ist, ist die infolge des Regelverstoßes eingetretene Spielsituation mit der bei Beachtung der Regeln bestehenden Situation zu vergleichen. (Leitsätze der Redaktion)*

DFB-Bundesgericht, Urteil vom 1. 12. 1986 (Az.: 8/86/87)

Fundstelle: SportR 15/16/13

Anmerkung: Beweislast des Einspruchsführers für behaupteten Einspruchsgrund. Hinzukommen müsse eine spielentscheidende Benachteiligung der betreffenden Mannschaft – ein non liquet wirke sich zu deren Nachteil aus.

Ergebnis: NEIN (RV)

27 Rugby/Schiedsrichter/Tatsachenentscheidung im weiteren bzw. engeren Sinne

1. *Als Tatsache ist jede spielentscheidende Entscheidung des Schiedsrichters (Tatsachenentscheidung im weiten Sinne) zu verstehen, die sich notwendigerweise aus einer Würdigung des Spielverlaufs (Tatsachenentscheidung im engeren Sinne) und einer entsprechenden Regelanwendung zusammensetzt. Nach den allgemeinen Regeln der Sportgerichtsbarkeit kann eine Tatsachenentscheidung eines Schiedsrichters nicht korrigiert werden.*
2. *Eine Tatsachenentscheidung (im engeren Sinne) liegt aber nur dann vor, wenn der Schiedsrichter eine Regel ordnungsgemäß angewandt hat, jedoch die Voraussetzungen dieser Regel falsch als gegeben angenommen hat.*
3. *Liegt eine Tatsachenentscheidung im weiten Sinne vor, kommt es darauf an, inwieweit eine Schiedsrichterentscheidung noch rückgängig gemacht werden kann. Die starre Regel des DRV, die den Regeln des „International Rugby-Football-Board" entspricht, wonach der Schiedsrichter seine Entscheidung nicht zurücknehmen kann, geht zwar an der Lebenserfahrung vorbei. Sie muss aber von den Beteiligten – jedenfalls im Augenblick – noch hingenommen werden. Sie kann auch nicht durch eine Entscheidung des Gerichts „vom grünen Tisch aus" ersetzt werden. (Leitsätze der Redaktion)*

DRuV-Schiedsgericht, Urteil vom 16. 11. 1987

Fundstelle: SportR 16/35/7

Anmerkung: Untergliederung der Tatsachenentscheidung als solche im engeren Sinne (nicht korrigierbar) und im weiten Sinne. Letztere wird zwar als vom Schiedsrichter derzeit nicht korrigierbar angesehen, was „jedenfalls im Augenblick noch hingenommen werden müsse". Daraus klingt ein Änderungswunsch des Rugby-Gerichts an.

Ergebnis: NEIN (RV)

28 Rugby/Spielansetzung

Eine Neuansetzung eines Spiels kommt nur dann in Frage, wenn erhebliche Regelverstöße im Laufe eines Spiels vorgekommen sind,

die auch einen entsprechenden Einfluss auf das Spielergebnis gehabt haben.

... Auch wenn die Rüge einer mangelhaften Kontrolle von Spielerpässen und Spielerbekleidung gerechtfertigt ist, so ergibt sich hieraus noch keine Begründung für die Neuansetzung eines Spiels. Die Möglichkeit des Einsatzes eines nicht spielberechtigten Spielers ist kein Grund, ein Spiel neu anzusetzen. Der einspruchführende Verein hat vielmehr nachzuweisen, dass tatsächlich ein nicht spielberechtigter Spieler eingesetzt worden ist.

DRuV-Schiedsgericht, Urteil vom 29. 2. 1988

Fundstelle: SportR 15/345/4

Anmerkung: Bei auf einen nicht spielberechtigten Akteur gestütztem Einspruch müsse der tatsächliche Einsatz des Spielers nachgewiesen werden.

Ergebnis: NEIN (RV)

Das Sportgericht des DFB hat in fünf Protestverfahren, die jeweils auf behauptete Spielmanipulationen gestützt sind, die Einsprüche aus Beweisgründen zurückgewiesen. Im Einzelnen handelt es sich um folgende Begegnungen:

Regionalliga Nord: Hertha BSC Amateure gegen BSC Arminia **29**
Bielefeld am 11. April 2004 (2:1 für Hertha BSC) – Urteil vom 3. März 2005 (Az: 92/2004/2005):
Der Protest wurde abgewiesen.

Zweitligaspiel MSV Duisburg GmbH & Co. KG a.A. gegen **30**
SpVgg Greuther Fürth am 26. September 2004 (Endstand 1:0) – Urteil vom 10. März 2005 (Az.: 95/2004/2005):
Der Protest ist abgewiesen worden.

2. Bundesliga: Spiel Karlsruher SC gegen MSV Duisburg **31**
GmbH & Co. KG a.A. am 3. Dezember 2004 (3:0 für Duisburg) – Urteil vom 29. März 2005 (Az.: 104/2004/2005).
Der Protest war nicht erfolgreich.

Bundesligaspiel SC Freiburg gegen 1. FC Kaiserslautern in der **32**
Vorrunde der Saison 2004/2005 – Urteil vom 3. März 2005 (Az.: 94/2004/2005).
Der Protest des 1. FC Kaiserslautern wurde zurückgewiesen.

33 DFB-Vereinspokalspiel 1. FC Kaiserslautern gegen FSV Mainz 05 am 20. Dezember 2005 (5:4 für FSV Mainz 05) – Urteil vom 23. Dezember 2005 (Az.: 99/2005/2006).
Der Protest wurde abgewiesen.

Anmerkungen zu Randnummern 29 bis 33: In allen fünf Fällen wurde wie im Falle 15 (siehe Seite 78) nach der Begründung der Zulässigkeit des Einspruchs zur Frage des Einspruchsgrundes eine nachgewiesene Manipulationsabrede mit dem Schiedsrichter gefordert, die einen Prima-facie-Beweis für den **irregulären Spielverlauf** begründe. Wenn dieser vom Einspruchsführer durch rechtserhebliche Tatsachen nicht erschüttert werde, sei auf eine Änderung des Spielergebnisses zu erkennen.

In den Fällen 29 bis 33 war sodann jeweils zumindest **ein** Baustein des zu verlangenden „Nachweisgebäudes" nicht gegeben, bzw. zumindest nicht sicher erwiesen.

Vereinzelte schwer nachvollziehbare Schiedsrichterentscheidungen und der „böse Beigeschmack", der allen von Schiedsrichter *Hoyzer* geleiteten Spielen naturgemäß anhafte, könnten nach der Rechtsordnung nicht zur generellen Annullierung eines Spielergebnisses führen.

34 **Zwischenbemerkung:**
In den vorstehend referierten Entscheidungen der inländischen Verbandsinstanzen, gepaart mit den jeweiligen Ergebnissen im Protestverfahren (JA/NEIN) taucht **kein** Fall auf, in dem eine falsche Tatsachenentscheidung des Schiedsrichters von einer Verbandsinstanz aufgehoben worden ist. Die **einzige** durch eine obere gerichtliche Instanz vollzogene Annullierung einer Tatsachenentscheidung, die mir bekannt geworden ist – mir sind schwerlich solche „durchgegangen" – betrifft das Zweitligaspiel Borussia Neunkirchen gegen Stuttgarter Kickers am 21. Oktober 1978. In dieser Begegnung hat der Schiedsrichter ein Tor gegeben, als der Ball seitlich am Stuttgarter Tor vorbeigeflogen war, an der Torhalterung abgeprallt und auf der hinteren Tornetzkante entlanggelaufen war, jedoch nie im Tor war (Außennetztor). Dem Protest der Stuttgarter Kickers gaben beide Gerichtsinstanzen des DFB statt. Das

Bundesgericht des DFB[36] führte in dem Berufungsverfahren aus, es liege ein extremer Ausnahmefall vor. Wenn die Fehlerhaftigkeit der Tatsachenentscheidung des Schiedsrichters offenkundig sei, könne sich ein Gericht über die Bindungswirkung der Regel 5 Entscheidung 1 hinwegsetzen. Offenkundigkeit liege vor, „wenn für jeden Spieler und Zuschauer, welcher die Spielszene ohne Sichtbehinderung verfolgen konnte, unmittelbar und beweisbar feststand, dass der Ball die Torlinie außerhalb der Torpfosten überquert hatte und hinter dem Tor liegen blieb". Das DFB-Bundesgericht setzte sich sehenden Auges über den Wortlaut der Regel 5 hinweg, „weil der absolute Zwang, auch in diesem Fall der Regel 5 zu folgen, die Regel zur Farce werden lasse". Diese tragende Begründung ist ganz im Sinne von *Palmström*, dass nicht sein kann, was nicht sein darf.[37]

Kapitel 2: Die Rechtslehre zu den Fehlentscheidungen des Schiedsrichters

Wenn spektakuläre Fehlentscheidungen mit Ergebnisrelevanz **35**
in wichtigen Fußballspielen dem Schiedsrichter unterlaufen sind, sind in den letzten Jahren auch die Wissenschaftler auf den Plan getreten und haben sich um die rechtliche Aufhellung der Problematik bemüht, bis heute aber noch nicht mit einem überzeugenden dem Sport **und** der Wahrheit dienenden Ergebnis. Der Bundesgerichtshof hat in seinem berühmten *Reiter*-Urteil[38] festgestellt:

> *„Die Durchführung der Regeln eines Vereins ist keine staatliche Aufgabe. Sie ist vielmehr eine von den Verbänden in Ausfüllung der Vereinsautonomie (Art. 9 Abs. 1 GG) zu erfüllende Aufgabe."*

---

36 Urteil Nr. 7/78/79, SportR 16/16/17.

37 Dazu und zu den anderen Fällen *Hilpert*, Fußballstrafrecht, aaO., § 17 Rn. 36.

38 BGHZ 128, 113 = NJW 1995, 583 = SpuRt 1995, 43.

36 Einer der ersten Rechtslehrer, der sich um die Ergründung der Problematik bemühte, war Anfang der 1970er-Jahre der Schweizer Rechtslehrer *Max Kummer* (Bern). Er gründete die These, dass im Verhältnis zwischen Sport und Recht ***Spielregeln* und *Rechtsregeln*** zu unterscheiden seien. Dabei müssten das Spiel bzw. die Spielregeln notwendigerweise Nichtrecht sein. Wer spiele und nach den Spielregeln handele, könne Recht nicht wollen. Sie würden sich wechselseitig ausschließen. Es folgt der alarmierende Satz: *„Mit dem Einbruch des Rechts in das Spiel!"* Die Folgerungen hieraus für den Fußball sind, dass Elfmeterentscheidungen wie Platzverweise nicht justiziabel seien, sehr wohl aber die Sanktionen gegen einen vom Feld gestellten Spieler. *Kummer* sah ein unverrückbares Tabu für die Überprüfung der Spielregeln, die den Wettkampfablauf zum Gegenstand haben. Diese dürften durch externe Gerichtsinstanzen nicht überprüft werden, *„weil eine Entscheidung eines Richters anstelle eines Schiedsrichters für das Spiel verheerend sei"*. Wenn man dies zulasse, führe es zu einer „Verunglimpfung" des Spiels und greife zerstörerisch in dieses ein. Das Spiel höre dann auf, Spiel zu sein.

37 *Scherrer*[39] hält mehr als 30 Jahre nach *Kummers* „visionärer Publikation" an dieser Dogmatik im Kern fest, sieht dabei aber eine gravierende Schwachstelle: Die Abgrenzung zwischen nicht justiziabler Spielregel und justiziablem Rechtsregelbereich sei fließend und deshalb höchst problematisch. *Scherrer* verweist auch auf die Rechtsprechung des Schweizer Bundesgerichts; dieses habe es 1994 auf den Punkt gebracht und aber auch eingeschränkt: *„Sind Persönlichkeitsrechte verletzt, kommt der Abgrenzung zwischen Spielregeln und Rechtsnorm keine Bedeutung zu."*[40] Der Richter habe nach *Scherrer* einen sinnvollen Ermessensspielraum in dem von ihm festzulegenden Bereich *Spielregel – Rechtsregel.*

38 Die weitgehende Herausnahme von Spielregeln, die naturgemäß den Rechtsraum der Spieler, aber auch der Vereine in vielen Fällen ungeschützt lässt, bescherte zur Zeit des bekannten

39 *Scherrer*, aaO., S. 181.
40 BGE 108 II, 15 ff.; BGE 120 II, 369.

Rechtslehrers *Max Kummer* noch recht wenige Rechtsbeeinträchtigungen. Mittlerweile hat im Spitzenfußball eine lukrative Rechteverwertung eingesetzt, die sich in vielfacher Hinsicht für Vereine und Spieler nachdrücklich auswirken kann. Bei solchen ist eine Beschränkung der Kognition – so der Schweizer Sprachgebrauch – schwerlich per se rechtsstaatlich. *Scherrer* zeigt die Auswirkungen des Kartellrechts und auch des Europarechts auf den weitgehend kommerzialisierten Spitzensport und bietet einen Ausweg[41], indem als er Variante zur Theorie von *Kummer* bei Klagen gegen Spielfeldentscheidungen auf das Rechtsschutzinteresse abstellt. Meines Erachtens schlägt er teilweise einen richtigen Weg ein: Wenn der Sport im Bestand und in der Durchführung durch richterliches Eingreifen gefährdet wäre, sei ein Rechtsschutzinteresse zu verneinen und ein „Spielschutzinteresse" zu bejahen und dann eine Klage wegen Fehlens dieser Prozessvoraussetzungen als unzulässig abzuweisen.

Das Schweizer Bundesgericht[42] ist im Prinzip der These von **39**
Kummer gefolgt, stellt aber entscheidend darauf ab, ob ein Persönlichkeitsrecht des am Spiel Beteiligten beeinträchtigt ist; in den anderen Fällen komme die Abgrenzung zwischen Spielregel und Rechtsnorm **nicht** in Betracht. Dies sei immer dann der Fall, wenn die wirtschaftliche Sphäre eines Sportlers beeinträchtigt sei. Ein Sportrechtler, der Sportfan ist, liest erfreut den Satz in den Entscheidungsgründen des Schweizer Bundesgerichts[43], dass ein Wettkampf an seinem Lebensnerv getroffen würde, wenn er durch den Gang zum Gericht ständig unterbrochen würde; der Sport verliere erheblich an Attraktivität.

Kaiser[44] folgt ebenfalls im Prinzip dem Bundesgericht und da- **40**
mit der These *Kummers*: Die Regelung von Sport und Spiel sei dem Satzungsrecht der Sportverbände überlassen. Der Selbstregulierung des Sports werde durch die Rechtsordnung Gren-

41 *Scherrer*, aaO., S. 183.
42 Siehe oben Fn. 6.
43 BGE 108 II, 15 ff., 20.
44 *Kaiser*, aaO., S. 6 ff.

zen gesetzt. Im Anschluss an *Vieweg*[45] stellt *Kaiser* fest, dass die Grenzfestlegung im Einzelfall „eine der zentralen, wenn nicht sogar die **zentralste Frage des Sportrechts** ist" (Unterstreichung durch Verfasser). Er meint, der Sport befinde sich in einem auf der Privatautonomie begründeten Rechtsgefüge. Entgegen *Kummer* hat er die Regelwerke in den Raum des Rechts gelegt. Wie *Scherrer* sieht *Kaiser*[46] die Lösung im Einzelfall nicht im materiellen Recht, sondern im Verfahrensrecht: Er stellt auf ein „Sportschutzinteresse" ab. Er knüpft an *Kummer* an und will wegen der Besonderheiten des Sports diesen vor übermäßigen Eingriffen des Rechts schützen. Im Einzelfall müsse das Sportschutzinteresse, das dem Schutz des reibungslosen Ablaufs eines Wettkampfs diene, grundsätzlich höher bewertet werden. Demgegenüber überwiege das Rechtsschutzinteresse eines Sportlers oder Vereins nur in **Ausnahmefällen,** namentlich bei willkürlichen oder in böswilliger Absicht getroffenen Sportregelentscheiden.

41 Gerade letztere Fälle haben mittlerweile über die CAS-Rechtsprechung in das Recht der FIFA Eingang gefunden. Außerhalb der abgehandelten Fallvarianten sind in der Vergangenheit weitere „Ausnahmefälle", die eine Behandlung als solche insbesondere aus Gründen der Wahrheit und Gerechtigkeit sowie wegen des Fair-Play-Prinzips und der Chancengleichheit gebieten, aufgetreten.

42 Im Bereich der Bundesrepublik sind in den letzten 30 Jahren eine Fülle von Veröffentlichungen zu den Fehlentscheidungen von Fußballschiedsrichtern erfolgt.

Pfister[47] bietet – ach wie naheliegend – den Weg „zurück zum BGB!" und dort § 661 Abs. 2 an. Schon in den Motiven zum BGB[48] seien die körperlichen Fertigkeiten als Gegenstand eines Preisausschreibens angesehen worden, weshalb die Regelung sportlicher Wettkämpfe eines der Hauptbeispiele für § 661 Abs. 2 BGB sei: auch Mehrstufenspiele wie Pokalwettbewerbe

---

45 *Vieweg*, aaO., S. 46ff.
46 *Kaiser*, aaO., S. 9.
47 PHB/*Pfister*, Einführung C, Rn. 21.
48 *Mugdan*, Band 2, S. 519.

oder etwa Ausscheidungswettbewerbe für Olympische Spiele seien darunter zu erfassen, da „ausgelobte Preise" im Sinne der zitierten Vorschrift auch ein Titel, das Recht zum Aufstieg, eine Teilnahme an einem internationalen Wettbewerb sein könnten. *Pfister*[49] fordert von den staatlichen Gerichten höchste Zurückhaltung bei der Auslegung der Spielregeln und insbesondere bei der Frage der Aufhebung eines Spielergebnisses. Er malt dabei ähnlich wie an anderer Stelle der CAS eine Unzahl von Klagen, die zu einem besseren Ergebnis führen sollten, als Menetekel an die Wand, wodurch die Durchführung der sportlichen Wettkämpfe empfindlich gestört werde. Nach dem Grundgedanken des § 661 Abs. 2 BGB wollten die Beteiligten, die an sportlichen Wettkämpfen teilnehmen, dass deren Ablauf durch das Regelwerk der Sportverbände und dann der Umsetzung im Einzelfall durch deren Organe (Schiedsrichter, Verbandsgerichte) erfolge. Deren Entscheidung ist nach § 661 Abs. 2 Satz 2 BGB für alle Beteiligten bindend. Bezüglich der wenigen in der Fußballgeschichte aufgetretenen „echten Problemfälle" bietet *Pfister* als Ausweg an, dass eine grob unbillige Entscheidung des „Preisgerichts" (sprich im Fußball der Feldschiedsrichter) mit großen wirtschaftlichen Folgen vom staatlichen Gericht aufgenommen werden könne. Er verweist[50] auf die Entscheidungen der DFB-Gerichtsbarkeit zu den „eindeutig falschen und spielentscheidenden Tatsachenentscheidungen", insbesondere zum Fall Neunkirchen und zum Phantom-Tor. Er sieht das auch m. E. wichtigste Problem in diesem Zusammenhang darin, wo die Grenze zu ziehen sei, ohne dass

„the flood-gates would be opened".

In dem führenden Werk über das Vereins- und Verbandsrecht von *Reichert* werden die Urteile der Feldschiedsrichter in gestaltende Entscheidungen, soweit sie technische Spielstrafen wie Elfmeter, Freistöße oder persönliche Strafen wie Verwarnung oder Feldverweis betreffen, unterteilt.[51] Als dritte Form treffe

49 Siehe vorstehende Fn. 47.
50 PHB/*Pfister*, aaO., S. 20, Fn. 117.
51 *Reichert*, aaO., Rn. 2888.

der Schiedsrichter gestaltende Entscheidungen, soweit er über die erzielten Tore oder die Spielwertung entscheide.

Der Referee begehe einen Regelverstoß, wenn er
- eine einschlägige Regel nicht anwendet,
- eine Regel falsch auslegt oder
- eine nicht einschlägige Regel anwendet.[52]

Reichert sieht ebenfalls das zentrale Problem darin, dass das Verbandsrecht anordnen könne, dass die auf Tatsachen aufbauenden Entscheidungen nicht endgültig sind, sondern zum Gegenstand eines Protestes gemacht werden können, aber auch – wie die FIFA – dass sie schlechthin unanfechtbar sind, die also weder beweisrelevant bestritten noch mit Gegenbeweis widerlegt werden können. Er folgt dabei dem OLG Saarbrücken[53], wonach dies nicht hingenommen werden könne, wenn eine offenkundige Fehlerhaftigkeit der Tatsachenentscheidung gegeben ist. Er denkt an eine analoge Anwendung des § 319 BGB, wonach eine offensichtlich unbillige Leistungsbestimmung nicht verbindlich ist. Feldschiedsrichter seien wegen ihrer Stellung im Spiel (kein Rechtsverhältnis zu Spielern und Vereinen des Spiels) Schiedsgutachtern vergleichbar, für die § 319 BGB gelte. Überdies unterliege das Regelwerk der Sportverbände wegen derer Monopolstellung oder zumindest einer monopolähnlichen Stellung der richterlichen Inhaltskontrolle nach § 242 BGB, die es nicht zulasse, dass die offenkundige Fehlerhaftigkeit der Tatsachenentscheidung hingenommen werden könne. Soweit das Spielergebnis in Frage stehe, müsse sich die offenbare Unrichtigkeit nicht nur auf die Tatsachenentscheidung an sich, sondern auch auf das Spielergebnis beziehen, kurz: Regelverstöße müssen spielentscheidend sein; insoweit fordert *Reichert* einen hohen Grad an Wahrscheinlichkeit bezüglich der Relevanz für das Spielergebnis.[54] Diese Meinung spürt den Geist des Sports, vergisst aber nicht, dass es immer noch und immer wieder die Gerechtigkeit im Einzelfall geben muss.

---

52 *Reichert*, aaO., Rn. 2889.

53 Urteil vom 30. 11. 1982 (2 U 113/81), SportR 16/32/3.

54 *Reichert*, aaO., Rn. 2892, 2896, S. 537, 538.

Wolf[55] stellt darauf ab, dass der überwiegend vertretenen Meinung, wonach die Offenkundigkeit der Fehlentscheidung nicht durch die Fernsehaufnahmen, sondern nur durch Augenzeugen im Stadion festgestellt werden könne, nicht zu folgen sei; richtigerweise gewähre ein stehendes Bild oder eine Zeitlupenaufnahme dem Betrachter eine andere Sicht als dem Beobachter vor Ort im Stadion. Darauf aufbauend, dürfe dem Beobachter der Fernsehaufzeichnung nur die gleiche Kürze der Zeit zur Verfügung stehen, wie sie der Schiedsrichter auf dem Spielfeld habe. Ansonsten übe der Fernsehbetrachter eine dem Schiedsrichter wesensfremde Funktion aus. Da es bei der Offenkundigkeit eines Fehlers nicht auf die subjektive Wahrnehmungsstellung des Referees ankommt, sondern m.E. auf die **objektive Unrichtigkeit** der Entscheidung, scheint mir die Auffassung *Wolfs* der h.M. vorzuziehen sein; ich halte sie aber nicht für zwingend. **43**

Weber[56] steuert zur Problematik der Fehlentscheidungen einige interessante rechtliche Erwägungen bei. Zum einen verweist er auf die Aufgabenteilung zwischen Tatgericht und Revisionsgericht im Strafprozess, wo das Revisionsgericht nicht die Entscheidung des Tatrichters auf ihre Richtigkeit schlechthin, sondern nur auf fehlerhafte Rechtsanwendung hin nachzuprüfen hat (§ 337 StPO). Entsprechend sei der vom Feldschiedsrichter festgestellte Sachverhalt der Entscheidung der Verbandsgerichte zugrunde zu legen. Eine solche sportgerichtliche Bindung habe aber dann aufzuhören, wenn die Entscheidung des Schiedsrichters „an einem besonders schwerwiegenden Fehler leide und dies bei verständiger Würdigung aller in Betracht kommenden Umstände offenkundig sei". *Weber*[57] weist insoweit darauf hin, dass es sich bei dieser Formulierung um die Definition der Nichtigkeit von Verwaltungsakten in § 44 Abs. 1 des Verwaltungsverfahrensgesetzes handele. Es ist m.E. sicherlich im Auge zu behalten, ob die grobe Fehlentscheidung mit ein Kriterium sein soll, womit gleichzeitig ein **44**

55 *Wolf*, Schriftenreihe WFV, Heft 19, 70ff., 78.
56 *Weber*, Schriftenreihe WFV, Heft 19, 8ff., 16.
57 Siehe Fußnote 56, S. 22.

Vorwurf an den Schiedsrichter verbunden ist. *Weber*[58] führt als Beispiele solche grotesker Art an:

- ein Foul ereignet sich in der Nähe der Mittellinie, der Schiedsrichter pfeift Elfmeter,
- der Schiedsrichter pfeift ohne Grund ein Spiel nach 70 Minuten ab,
- eine Entscheidung auf Tor, wenn der Ball die Eckfahne umgeworfen hat,

alles Beispiele, die schwer vorstellbar erscheinen und eher ins Reich der sportrechtlichen Phantasie gehören. *Weber* will letztlich wohl krasse Regelverstöße, anders formuliert, aus seiner Warte faustdicke Schiedsrichterfehler erfassen, die aber der manchmal sicherlich extrem eigenartigen Welt auf unseren Sportplätzen doch nicht entsprechen.

45 *Weber* vertritt – wie *Wolf* zuvor – die Meinung, dass die Offenkundigkeit nicht nach einer Momentaufnahme vor dem Fernseher zu bestimmen sei, sondern danach, wie sich die Situation einem verständigen Spielbeobachter dargeboten habe. Diese Frage betrifft natürlich, was die FIFA sehr wohl weiß, ein **Beweisverbot** bezüglich der Fernsehaufzeichnungen, was von vornherein den schlüssigen Nachweis eines Regelverstoßes erschwert. In einem Rechtsstaat sollten die üblichen Beweismittel – allenfalls aus überragenden Gesichtspunkten – aus dem Gerichtssaal verbannt bleiben – insoweit kein Beweisthemenverbot in Spielwertungsverfahren. Wenn, was früher im Sport viel häufiger war, nun auch in der Gegenwart die uneingeschränkte Wahrheitsfindung bewusst vernachlässigt wird, sollte dies allmählich rechtshistorisch überholt sein.

46 *Pfister*[59] weist im Einklang mit der überwiegenden Literatur darauf hin, dass die Abgrenzung von Sportregeln und Rechtsregeln aufzugeben sei, dass sogar heutzutage gelte, jede Spielregel sei zugleich eine Rechtsregel. Bei deren Schaffung gelte unbestreitbar die Autonomie der Verbände. Der Staat behalte sich aber gegenüber jeder autonomen Rechtsgestaltung ein

58 Siehe Fußnote 56, S. 23.
59 Siehe Fn. 47.

Wächteramt vor. *Pfister* verweist darauf, dass es ständige Spruchpraxis auch des EuGH sei, dass die Verfolgung anerkennenswerter – hier rein sportlicher – Zwecke einen Rechtfertigungsgrund bilde, über den letztlich die staatliche Gerichtsbarkeit bzw. die Schiedsgerichtsbarkeit entscheiden müsse. Einander gegenüber stünden dabei auf Seiten des Verbandes die Sport-Typizität der Regeln und auf der des Sportlers/Vereins dessen Rechtsposition: Mit dem „Totschlagargument" dürfe man aber dabei nicht kommen, weil andernfalls der sportliche Wettkampf mit definitiv feststehenden Ergebnissen für die Tabelle, für Auf- und Abstieg pp. praktisch unmöglich wäre und zudem die staatliche Gerichtsbarkeit völlig überfordert sei. Für das deutsche Recht helfe hier § 661 Abs. 2 BGB, soweit es um die Auswirkungen der Spielregeln auf dem Platz gehe.

Kauffmann befürchtet in seinem Beitrag aus dem Jahre 1987,[60] **47**
dass die Rechtsfragen im Sportbereich „in der Zukunft" wachsende Bedeutung erlangen. Er glaubt zu beobachten, dass in unserer Gesellschaft ein „Drang zum Ausbau unbewehrter Stützpunkte zu Rechtsfestungen im Sport" bestehe. *Kauffmann* differenziert dabei völlig zu Recht zwischen den Voraussetzungen externer Gerichtsentscheidungen über Spielerstrafen (Disziplinarfälle) einerseits und potentiellen Richtigkeitsdefiziten bei Spielergebnissen andererseits (Spielwertungsfälle). Letztere interessieren bei unserer Thematik in erster Linie. Die Endgültigkeit der Tatsachenentscheidung des Schiedsrichters für den Spielverlauf sei im sportlichen Interesse unabdingbar.[61]

Westermann dringt auf der Basis ähnlicher Grundüberlegungen **48**
zu der „Gretchenfrage" vor, inwieweit eine offensichtlich unrichtige Tatsachenfeststellung des Schiedsrichters in einem Verfahren vor einem Staats-/Schiedsgericht korrigiert werden kann.[62] Er warnt dabei davor, die Autonomie des Vereins „zum archimedischen Punkt außerhalb des allgemeinen Rechts auszubauen".

---

60 *Kauffmann*, aaO., S. 6f.
61 *Kauffmann*, aaO., S. 13.
62 *Westermann*, Schriftenreihe WFV, Heft 24, 41f.

49 *Monheim* lehnt in seiner Dissertation die Schweizer Doktrin (*Kummer, Scherrer, Kaiser*) wegen „unlösbarer Abgrenzungsschwierigkeiten" ab.[63] „Rechtsfehler" der Schiedsrichter könnten überprüft werden, „Tatsachenentscheidungen" nicht. Meines Erachtens zutreffend fürchtet er dabei nicht eine Inflation von Verfahren, da nur für den Spielausgang erhebliche Fehlentscheidungen zur Aufhebung des Spielergebnisses führen könnten (so die Quantifizierungserwägungen unten Teil V Kapitel 5). Interessanterweise stellt er dabei zusätzlich eine kluge Frage zur Kausalitätsproblematik: *Ist nur der in der „letzten Spielminute" zu Unrecht gegebene Elfmeter mit Torfolge zum Sieg mit direktem Abpfiff spielentscheidend, nicht der in der vorletzten Minute oder früher gegebene?* Ich erinnere mich beim Lesen dieses Beitrags, dass es sicherlich leichter ist, klug zu fragen, als klug zu antworten.

50 *Haas* spricht die Endgültigkeit der Schiedsrichterentscheidung plastisch mit „Immunität von Spielentscheiden" an.[64] Zur CAS-Rechtsprechung weist er darauf hin, dass dieser ein Mandat zur Überprüfung der Verbandsmaßnahmen in Anspruch nehme, wenn diese in bad faith oder willkürlich zustande gekommen seien oder wenn die Entscheidung in „violation of the law, social rules or general principles of law" ergangen seien. Die CAS-Formationen forderten dabei, dass neben der Fehlerhaftigkeit der Entscheidung weitere Umstände hinzukommen müssten. Subjektive Anforderungen wie Bestechung oder Korruption des Schiedsrichters leuchten dabei sicherlich als weitere zusätzliche Kriterien ein. Objektive Umstände seien nach CAS zu bejahen, wenn die Entscheidung gegen allgemeine Rechtsgrundsätze verstöße. In einer anderen CAS-Entscheidung seien Kriterien, die die beschränkte Kognition der Spielentscheidungen aufheben, im konkreten Fall solche, die im Lichte der für die Beteiligten auf dem Spiel stehenden Konsequenzen nicht offensichtlich unverhältnismäßig, willkürlich seien oder aber zu einer ungerechtfertigten Benachteiligung der Betroffenen führen dürften. Wenn in Ländern wie Deutschland oder der Schweiz eine vergleichsweise intensive Kontrolle

---

63 *Monheim*, aaO., SpuRt 2008, 217, 218.
64 *Haas*, aaO., S. 131f.

von Spielentscheidungen erfolge, bestehe ein Bedürfnis für Konzeptionen, die Spielentscheiden eine gewisse Immunität gewähren. Im DFB-Bereich, wo Art. 9 Abs. 1 GG den Sportverbänden einen Kernbereich staatsferner Wertsetzung und Betätigung garantiere, habe der Staat bei den Kontrollen von Verbandsmaßnahmen, insbesondere von Spielentscheiden, eine gewisse Zurückhaltung zu üben.[65] Nach *Haas* gelten diese Prüfungsmaßstäbe nicht ohne weiteres für ein Schiedsverfahren, sondern kraft einer von den Parteien für Spielentscheide konkludent vereinbarten Beschränkung der Befugnisse des Schiedsgerichts, also aufgrund der Privatautonomie.

In einer Würdigung der Theorie des Sportrechts von *Bernhard Pfister* zu dessen 75. Geburtstag stellt *Haas* als zentralen sporttypischen Belang <u>die juristische Stabilität des Spielergebnisses auch in den Fällen heraus, in denen es rechtswidrig erzielt wurde</u>[66] (Unterstreichung vom Verfasser). Die Grenze für die Revisibilität der Tatsachenentscheidungen und der Regelanwendungen, die zu einem bestimmten Spielergebnis führen, leite sich aus der Eigenart des sportlichen Wettbewerbs ab. Ein zentrales Petitum *Pfisters*, so *Haas*, sei die Sicherung eines gewissen Freiraums für den Sport. Die Spielfeldentscheidungen seien primär von staatlichen Ingerenzen abzuschirmen. Insbesondere der Siegeszug des Verhältnismäßigkeitsgrundsatzes in unserer Rechtsordnung finde im Spielbetrieb keine Fortsetzung. Der Sport nehme in Anspruch, dass auch auf geringfügige Regelverstöße wie auf grobe Fehler reagiert werde [Beispiel: ein minimales Übertreten auf dem Weitsprungbalken führe zur Ungültigkeit des Sprungs, auch wenn dieser Weltrekord bedeutet hätte (8,95 m)]. Die Kontrolle von Entscheidungen aus der Sphäre des Sports durch die staatlichen Gerichte unterliege nach *Pfister* inzwischen allgemein akzeptierten Grenzen. Der insoweit reklamierte „rechtsfreie Raum" sei, so *Steiner* in einem schon früher gezeichneten wirklich zeitnahen Bild, eher eine <u>justizberuhigte Zone</u> (Unterstreichung vom Verfasser). Die nächste Frage ist die nach dem Stein der Weisen: *Welches* **51**

---

65 *Haas*, aaO., S. 134.
66 Verfassungsrechtliche Bemerkungen, aaO., CaS 2009, 103 ff.

sind die sport-typischen Belange gegenüber dem staatlichen Recht? Nicht vertieft werden soll im Rahmen unserer Thematik der mögliche Einfluss des Gemeinschaftsrechts – ein möglicher Konflikt wartet auf einen ergebnisoffenen Richterspruch.

52 Zum Abschluss der Übersicht betreffend die literarischen Beiträge, die sich mit unserer Thematik befassen, sind drei Veröffentlichungen[67] anzusprechen: Sie betreffen alle das „*Helmer-Tor*" und die rechtskräftige Aufhebung der Spielwertung im Spiel des FC Bayern München gegen 1. FC Nürnberg durch das DFB-Sportgericht (s. oben Teil IV Kapitel 1 Rn. 1 = Seite 39). *Eilers* stellt dazu zutreffend heraus, dass das Urteil, das die Wiederholung des Spiels anordnete, das Prinzip der Tatsachenentscheidung unangetastet gelassen habe. Während der Nürnberger Einspruch vom Verein mit dem Hinweis auf das Bundesgerichtsurteil vom 18. Dezember 1978 (Az.: 7/78/79) – das sog. Einzigartigkeitsurteil – begründet worden war, ging das DFB-Sportgericht nicht diesen Weg, sondern stützte die Aufhebung der Spielwertung auf einen **Regelverstoß**, den es darin sah, dass der Schiedsrichter selbst nicht von der Torerzielung überzeugt gewesen sei; weil er vielmehr erhebliche Zweifel gehabt habe, habe er nicht auf Tor entscheiden dürfen. Es hätte sich in dieser Situation bei seinem Linienrichter um Aufklärung bemühen müssen. Dieser hatte ein Tor angezeigt. Der Fehler mangelnder Kontaktaufnahme mit dem Linienrichter sei dem Schiedsrichter vorzuwerfen. Dieser „Argumentationsumweg" ist für einen Insider offensichtlich: die Angst vor der Kassation durch die FIFA verleitete dazu. Die FIFA hatte folgerichtig bei der Prüfung des *so* verfassten Urteils nichts zu beanstanden. Aber: der Zweck heiligt die Mittel nicht immer (?). Es war hier unzweideutig ein zweiter Fall Borussia Neunkirchen gegen Stuttgarter Kickers – Einzigartigkeitsfall – gegeben, also eine evident falsche Tatsachenentscheidung.

53 *Waske*[68] weist darauf hin, dass der Schiedsrichter bei dem gegebenen Phantom-Tor sich nicht in einem versteckten Dissens mit

67 *Eilers*, aaO., SpuRt 1994, 79 ff.; *Lenz/Imping*, aaO., SpuRt 1994, 225 ff.; *Waske*, aaO., SpuRt 1994, 189.

68 Siehe vorstehende Fußnote 67.

seinen Linienrichtern befunden habe, vielmehr habe er eine offenkundige Fehlentscheidung getroffen, weshalb die „Neunkirchen-Entscheidung“ mit ihrer konsequenten und nachvollziehbaren Begründung zur Anwendung habe kommen müssen.

Lenz/Imping[69] rügen ebenfalls den nicht akzeptablen Umweg **54**
über die Konstruktion eines Regelverstoßes. Der Schiedsrichter habe eine Tatsachenentscheidung auf Tor getroffen, die falsch, aber grundsätzlich endgültig gewesen sei. Regel 5 Entscheidung 1 lasse keine Ausnahme zu. Die Autoren weisen auf der Suche nach Kriterien für eine Ausnahme von der Endgültigkeitsentscheidung des Schiedsrichters auf die zu fordernde Offenkundigkeit des Fehlers sowie zur spielentscheidenden Bedeutung darauf hin, dass **schwerwiegende** Entscheidungen (also Tor oder Nichttor, Elfmeterentscheidungen, nicht aber solche über Abseitstore ja oder nein) gegeben sein müssen. Der Zeitfaktor der Restspielzeit sei ein weiteres wichtiges Kriterium. Mit der Fernsehaufnahme müssen eindeutige Ergebnisse erzielt werden – das ist nicht zu klären gewesen bei dem „Wembley-Tor 1966“.

Der Autor hat sich in den letzten 30 Jahren fortwährend mit **55**
der Problematik der Fehlentscheidungen des Schiedsrichters und ihrer Stabilität befasst:

- *Tatsachenentscheidung und Fernsehbeweis in Sportgerichtsverfahren*, Schriftenreihe Württembergischer Fußballverband, Heft 38, S. 25 ff.
- Tatsachenentscheidung und Regelverstoß im Fußball – Neuere Entwicklungen und Tendenzen, SpuRt 1999, S. 49 ff.
- Sportrecht und Sportrechtsprechung im In- und Ausland, 2007, III 4 Rn. 106ff.
- Das Fußballstrafrecht des Deutschen Fußball-Bundes (DFB), 2009, § 17 RuVO Rn. 17ff.

Ein entscheidender Fortschritt in der Bewertung der Fälle à la *Helmer* oder im Falle Neunkirchen ist noch nicht erzielt. Ein Weg zu einem dem Fußball und dem Recht (Wahrheit) uneingeschränkt gerecht werdenden Ergebnis ist noch zu finden.

---

69 *Lenz/Imping*, aaO., S. 226.

Kapitel 3: Auswertung der Rechtsprechung

56 Die obige Übersicht über die einschlägige Judikatur ergibt ein etwas überraschendes Ergebnis: Es sind 34 Entscheidungen abgedruckt, 29 betreffen einen Regelverstoß, der in zehn Fällen bejaht, in 19 Fällen verneint wurde. Um eine fehlerhafte Tatsachenentscheidung des Schiedsrichters ging es in drei Fällen. Alle Proteste waren erfolglos. Am Ende der Auswertung der behandelten Entscheidungen ist zum einen festzuhalten, dass das *Helmer*-Tor richtigerweise als fehlerhafte Tatsachenentscheidung des Referees zu werten gewesen wäre.

57 Davon abgesehen bleibt als einziger Fall, in dem wegen einer **fehlerhaften Tatsachenentscheidung** ein Spiel neu angesetzt worden ist, die Paarung Borussia Neunkirchen gegen Stuttgarter Kickers in der 2. Liga Süd am 21. 10. 1978. Das DFB-Bundesgericht entschied im Berufungsverfahren durch Urteil vom 1. Dezember 1978 (Az.: 7/78/79). Die Leitsätze sind in SportR 16/16/17 veröffentlicht.

Die Urteilsgründe sind als **ein** Weg zu einer möglichen Bewältigung der Streitfrage im Volltext nachfolgend abgedruckt:

„*Entscheidung* Nr. 7/78/79

...

Gründe:

I.

Am 21. 10. 1978 fand in Neunkirchen das Meisterschaftsspiel der 2. Liga Süd zwischen den Lizenzspielermannschaften des VfB Borussia Neunkirchen (BN) und des Sportvereins Stuttgarter Kickers (SK) statt, das nach dem Spielbericht des Schiedsrichters Drescher mit dem Torergebnis vom 4:3 für BN endete. Gegen die Wertung des Spiels legte SK form- und fristgerecht Einspruch ein mit dem Antrag, dieses Spielergebnis nicht zu werten. SK begründete den Einspruch mit der Behauptung, der Schiedsrichter habe in der 63. Spielminute beim Spielstand von 3:3 auf ein viertes Tor für BN erkannt, obwohl der Ball in der für diese Entscheidung maßgeblichen Spielszene die Torlinie nicht innerhalb, sondern deutlich erkennbar außerhalb der Torpfosten überquert habe und hinter dem Tor liegengeblieben sei.

BN bestritt diesen Sachverhalt nicht, beantragte jedoch, den Einspruch zurückzuweisen, da es sich bei der Zuerkennung des vierten Tores um eine unanfechtbare Tatsachenentscheidung des Schiedsrichters im Sinne der Regel V gehandelt habe.

Das Sportgericht der 2. Liga Süd erkannte durch Entscheidung vom 2. 11. 1978 den Einspruch von SK als begründet an und verfügte unter Aufhebung der Wertung des Spiels dessen Neuansetzung. Die Kosten des Verfahrens wurden der 2. Liga Süd auferlegt.

Den zur Entscheidung stehenden Sachverhalt hat das Sportgericht der 2. Liga Süd festgestellt wie folgt:
‚Etwa in der 63. Spielminute entschied Schiedsrichter Drescher auf Tor für Neunkirchen, nachdem sich folgendes ereignet hatte:
Ein Neunkircher Spieler schoß aus einer Entfernung von etwa 20 m den Ball in Richtung Stuttgarter Tor. Der Ball passierte die Torauslinie deutlich seitlich vom linken Torpfosten – vom Torwart aus gesehen –, prallte gegen die linke Tornetzhaltestange, die etwa 2 m hinter dem Tor und außerhalb des Spielfeldes im Boden befestigt ist, flog von dort, ohne den Boden berührt zu haben, von außen auf das rückwärtige Tornetz und rollte sodann auf die mit einer Aschenlage bedeckte Fläche hinter dem Tor. Torwart Gerstenlauer begab sich, das Spielfeld links seitlich neben seinem Tor verlassend, zu dem Ball und nahm ihn an sich, um damit Torabstoß auszuführen. Dazu kam es jedoch nicht, weil Schiedsrichter Drescher, der den gesamten Vorgang, insbesondere den Weg des Balles, etwa von der rechten Strafraumecke aus beobachtet hatte, auf Tor erkannte.
Dieser Sachverhalt ist zwischen den Vereinen unstreitig.‘

Zur Begründung seiner Entscheidung hat das Sportgericht im wesentlichen ausgeführt, Irrtümer des Schiedsrichters seien im Bereich der Tatsachenfeststellung und der Beurteilung von Spielvorgängen zwar unvermeidlich und müßten deshalb gemäß Regel V grundsätzlich unbeachtlich bleiben und hingenommen werden. Das auf Zweckmäßigkeitsgründen beruhende Prinzip der Tatsachenentscheidung dürfe jedoch nicht Vorrang vor sportlicher Gerechtigkeit haben, nämlich dort nicht, wo seine Durchbrechung den Zweck der Regelung nicht vereitelte und dem Schiedsrichter wegen seines Irrtums bei der Tatsachenfeststellung ein erheblicher Vorwurf gemacht werden müsse. In diesem Fall habe der Schiedsrichter bei der Zuerkennung des vierten Tores für BN in einmali-

ger Weise versagt, da er es bei der Torentscheidung an der erforderlichen Sorgfalt habe fehlen lassen. (Wird ausgeführt.) Das angefochtene Spielergebnis dürfe daher keinen Bestand haben, und das Spiel müsse erneut ausgetragen werden.

Gegen die Entscheidung des Sportgerichtes hat BN form- und fristgerecht Berufung eingelegt mit dem Antrag, die angefochtene Entscheidung aufzuheben, den Einspruch der SK zurückzuweisen und das Spielergebnis von 4:3 zu bestätigen. Zur Begründung der Berufung trägt BN vor, der Einspruch könne nicht auf § 25 Nr. 2 c) SpO gestützt werden, da Regel V die Torentscheidung des Schiedsrichters rechtfertige und daher ein Regelverstoß nicht vorliege. Auch eine analoge Anwendung dieser Einspruchsvorschrift sei nicht möglich, da Regelverstoß und falsche Tatsachenentscheidung zwei verschiedene Begriffe seien. Es gebe keine sportrechtliche Norm, die es gestatte, einen Einspruch auf eine fehlerhafte Tatsachenentscheidung zu stützen.

SK hat unter Bezugnahme auf die Entscheidungsgründe des Sportgerichts beantragt, die Berufung als unbegründet zurückzuweisen. Der Berufungsgegner fügt ergänzend hinzu, der Schiedsrichter sei während der spielentscheidenden Spielphase offensichtlich irgendwie ‚von Sinnen' und daher auch nicht in der Lage gewesen, den Spielvorgang zu beobachten und aufgrund richtiger Beobachtung eine Tatsachenentscheidung zu fällen. Die Beseitigung groben sportlichen Unrechts stelle sicher keine Gefahr für die ordnungsgemäße Abwicklung des Spielbetriebes dar, da ein Fall wie hier wohl einmalig sei.

Das Bundesgericht hat über den Sachverhalt Beweis erhoben. Der Schiedsrichter Drescher wurde gehört und die Fernsehaufzeichnung des Saarländischen Rundfunks über den Verlauf der entscheidenden Spielszene zur Kenntnis genommen. Hierbei bestätigte sich im wesentlichen der vom Sportgericht festgestellte Sachverhalt.

...

II.

Die Berufung ist nicht begründet, da dem Einspruch gemäß § 25 Nr. 2 c) SpO wegen eines Regelverstoßes des Schiedsrichters stattzugeben war, der die Spielwertung als verloren für die SK unmittelbar beeinflusst hat. Denn bei der Zuerkennung des vierten Tores für BN ging der Schiedsrichter von einem Sachverhalt aus, den er offenkundig fehlerhaft festgestellt hatte, weil der Ball in der entsprechenden Spielszene die Torlinie nicht zwischen den Torpfosten überquerte, sondern neben dem Tor ins ‚Aus' geschossen wurde. Die Verpflichtung der SK, die daraus resultierende und in bezug auf den wahren Sachverhalt fehlerhafte Entscheidung des Schiedsrichters als endgültige Tatsachenentscheidung im Sinne der Regel V hinnehmen zu sollen, findet an der Offenkundigkeit dieser Fehlentscheidung ihre Grenze.

1. *Regel V besagt, daß die Entscheidungen des Schiedsrichters über Tatsachen, die mit dem Spiel zusammenhängen, endgültig sind, soweit es um das Spielergebnis geht. Das bedeutet nach unumstrittener und international gefestigter Auffassung über die Regelanwendung, daß eine Entscheidung des Schiedsrichters hinsichtlich der Spielwertung auch dann Bestand haben soll, wenn ihm bei der Beobachtung eines Sachverhaltes (Tatsache), der mit dem Spiel zusammenhängt, ein Irrtum unterlaufen ist und er auf diesen fehlerhaft festgestellten Sachverhalt die richtige Spielregel angewendet hat. Dabei macht die Regel keinen Unterschied, ob den Schiedsrichter an diesem Irrtum kein Verschulden trifft oder ob er den Irrtum fahrlässig, evtl. sogar grob fahrlässig verschuldet hat. Mangelnde Sorgfalt des Schiedsrichters bei der fehlerhaften Feststellung eines Sachverhaltes und seine hierauf begründete subjektiv richtige, aber objektiv fehlerhafte Entscheidung sind somit durch die Regel V abgedeckt und deswegen hinzunehmen. Es bedarf daher auch keiner Feststellung darüber, ob und gegebenenfalls in welchem Grade es der Schiedsrichter Drescher bei der Feststellung des Sachverhaltes an Sorgfalt hat fehlen lassen, solange ihm kein vorsätzliches Verhalten zum Vorteil oder Nachteil einer Mannschaft vorzuwerfen ist. Ein derartiger Vorwurf ist ihm aber von keiner Seite jemals gemacht worden.*
   Im übrigen würde auch bei vorsätzlichem Handeln des Schiedsrichters zum Vorteil oder Nachteil einer Mannschaft der Fall einer Tatsachenentscheidung nach Regel V gar nicht vorliegen. Denn in diesem Falle wäre der Schiedsrichter bei der Feststellung des Sachverhaltes nicht einem Irrtum erlegen, sondern würde einen solchen nur vortäuschen, um seine auf den vorgetäuschten Sachverhalt abgestellte ‚richtige' Entscheidung nach außen hin zu rechtfertigen.
2. *Das Bundesgericht teilt die Auffassung des Sportgerichts, daß die für die Durchführung eines geordneten Spielbetriebs erforderliche Regel V nicht absolut und ohne jegliche Ausnahme anzuwenden ist. Es erachtet einen derartigen Ausnahmefall hier für gegeben, da die Fehlerhaf-*

tigkeit der Tatsachenfeststellung des Schiedsrichters offenkundig, d.h. für jeden Spieler und Zuschauer, welcher der Spielszene ohne Sichtbehinderung folgen konnte, unmittelbar und irrtumsfrei wahrnehmbar und beweisbar war, weil der Ball die Torlinie außerhalb der Torpfosten überquert hatte und hinter dem Tor liegen blieb. Ein absoluter Zwang, bei dieser Offenkundigkeit des Irrtums des Schiedsrichters, seine Tatsachenentscheidung hinnehmen zu müssen, würde die Regel V zur Farce degradieren.

Eine andere Einstufung der Regel V in das Sportrecht würde nicht im Sinne des Fußballsportes liegen, weil es dessen spielerisches Ziel ist, Tore zu erzielen bzw. zu vermeiden. Nur aus dem Torerfolg ergeben sich Sieg und Niederlage. Bei Offenkundigkeit des Mißerfolgs beim Torschuß darf daher Regel V einer Mannschaft nicht zum – nicht erzielten – Torerfolg verhelfen. Das würde kein Anhänger des Fußballsports verstehen.

Die mit dem schwerwiegenden Mangel des Irrtums belastete Entscheidung des Schiedsrichters kann ebensowenig Bestand haben wie z.B. im Bereich des öffentlichen Rechts ein Verwaltungsakt, der dann als nichtig eingestuft wird, wenn er mit einem schweren Mangel behaftet und dieser Mangel für einen verständigen Bürger offenkundig ist.

Der sportliche Anspruch aus der Offenkundigkeit des Irrtums muß daher ausnahmsweise Vorrang vor dem Recht auf Anerkennung der Tatsachenentscheidung des Schiedsrichters im übrigen haben.

Mit der vorstehenden Darlegung ist gleichzeitig zum Ausdruck gebracht, daß irrtümliche Feststellungen des Schiedsrichters über das Spielgeschehen innerhalb des Spielfeldes unter Einschluß der Torgehäuse mit dem Begriff der Offenkundigkeit des Irrtums nicht angreifbar sind, da hier wegen der sich sekündlich ändernden Spielsituation und der dadurch ausgeschlossenen sofortigen Beweisbarkeit des Irrtums Offenkundigkeit nicht gegeben sein kann. Die Möglichkeit späterer Beweisführung kann die Offenkundigkeit nicht begründen, sondern diese nur bestätigen.

3. *Da der Schiedsrichter entgegen der Regel X – wie ein Tor erzielt wird – auf ein viertes Tor für BN erkannt hat und diese Entscheidung durch die Regel V über die Tatsachenentscheidung des Schiedsrichters nicht als rechtens abgedeckt ist, hat er mit dieser Torentscheidung einen Regelverstoß begangen, der den Einspruch der SK begründet. Denn dieser Regelverstoß hat gleichzeitig auch die Wertung des Spiels als verloren*

für die SK mit dem Torergebnis von 4:3 unmittelbar herbeigeführt. Dem Einspruch war daher gemäß § 25 Nr. 2 c) SpO stattzugeben und die Berufung von BN gegen die Entscheidung des Sportgerichts zurückzuweisen.

4. *Bei dieser Sachlage bedurfte es keiner Entscheidung mehr darüber, ob die Spieler von BN, für welche die Fehlentscheidung des Schiedsrichters offenkundig war, wegen dieser Offenkundigkeit aus Gründen sportlich fairer Haltung verpflichtet waren, den Schiedsrichter auf seinen Irrtum aufmerksam zu machen. Bei Bejahung dieser Frage würde sich aus dieser Unterlassung ein eigener Einspruchstatbestand ergeben können.*

...“

Teil V: Versuch einer Lösung

Zur Einführung: … aus der Presse … 1

In meinen literarischen Bemühungen zum Thema „Sport und Recht" habe ich öfters mich darum bemüht, die dargestellten Sportereignisse mit Rechtsrelevanz in der Sprache der Journalisten wiederzugeben. Zur Überleitung in die Problematik der Fehlentscheidungen des Schiedsrichters möchte ich deshalb die Titelstory des Nachrichten-Magazins *FOCUS* vom 9. Mai 1999 zitieren. Es heißt dort unter der Überschrift *„Der falsche Pfiff"*:

> *„Ein Phantom-Tor verändert den Fußball. Die Wiederholung des Spiels Bayern München gegen 1. FC Nürnberg ist ein gefährlicher Präzedenzfall. Kaiser Franz fürchtet den Einfluss vom Fernsehen und „großer Rechtsabteilungen": Chaos in der Bundesliga!"*

Kapitel 1: Variationen der Fehlentscheidungen

Die Fehlentscheidungen der Schiedsrichter kommen in zwei 2
Formen vor, und zwar in der eines „Regelverstoßes" oder in einer „fehlerhaften Tatsachenentscheidung".

Ersterer setzt einen Verstoß auf dem Sektor „Sportrecht" voraus, letztere ist ein falsches Urteil in **tatsächlicher** Hinsicht. In der Wertordnung des Sports, an deren Spitze das Fair-Play-Prinzip steht, berührt der **Regelverstoß** den Bereich der **„Gerechtigkeit"**, die falsche **Tatsachenentscheidung** betrifft die Dimension **„Wahrheit"**. Beide Werte sind bei der staatlichen Justiz untrennbare Teile des Wegs zu einer Entscheidung im Einzelfall. An der Stirnseite des Plenarsaals des Hanseatischen Oberlandesgerichts in Hamburg steht geschrieben:

„Recht ist Wahrheit,
Wahrheit ist Recht"

Eine Kurzfassung von mir dazu: Ohne Wahrheit kein Recht!

3 Gleichwohl kann diese Union beim staatlichen Richter nicht vorbehaltlos auf die Sportentscheidungen übertragen werden. Wie im Massengeschäft „Straßenverkehrsdelikte“ Abstriche bezüglich der tatsächlichen Feststellungen hingenommen werden müssen, ist beim Massengeschäft „Pfiffe des Schiedsrichters“ auch beim Besten der Gilde unvermeidlich mit Fehlbeobachtungen zu rechnen. Die Quote der Fehler wird bei Schiedsrichtern im Amateurbereich auf ca. 3% der Pfiffe geschätzt, bei den Referees in der Bundesliga ist sie deutlich niedriger. Eine Spielleitung ganz ohne Fehler ist unmöglich. Aufgrund dieser Erkenntnis haben die Schöpfer der Regeln richtigerweise **nicht alle** Fehlurteile der Schiedsrichter in ihren Regelungsbereich aufgenommen, sondern nur die für den Spielausgang relevanten Entscheidungen (unter 1%). Die Fußball-Väter bleiben also gewollt hinter der Wahrheit zurück. Diese Restmenge aber soll nach Regel 5 Entscheidung 1 endgültig sein.

4 Die erfassten Entscheidungen des Schiedsrichters bewegen sich grundsätzlich in einem rechtsfreien Raum. Dieser wird von der herrschenden Meinung in Rechtsprechung und Literatur damit gerechtfertigt, dass ein Schiedsrichter in seiner Entscheidungsfreudigkeit und Autorität geschützt werden müsse. Die Privilegierung der Entscheidungen des Referees wird durch unterschiedliche Argumentation gerechtfertigt. Die Parallele zum staatlichen Strafprozessrecht (§ 337 StPO) wird bemüht, wonach der die Rechtsfragen überprüfende Richter die tatsächlichen Vorstellungen der ersten Instanz zugrunde legen muss. Ein Argument von Gewicht ist die Heranziehung des § 661 Abs. 2 BGB, der bei einem Preisausschreiben die Überprüfbarkeit einschränkt. Die Frage der Kontrolle von Vereinsentscheidungen allgemein ist vom BGH seit Mitte der 1960er-Jahre nach und nach geklärt worden. Subsumtions-, Tatsachen- und Inhaltskontrolle im Lichte der Grundrechte – sie fließen über die Generalklausel des BGB (§§ 242, 138 BGB) in diese ein – ist rechtlicher Standard geworden. Diese Grundsätze gelten aber nicht ohne Weiteres für die Spielfeldentscheidungen.

Von der Sportseite aus führt man zudem insbesondere an, dass ein sportlicher Wettbewerb seien Reiz und seine Spannung für alle Beteiligten verliere, wenn das Damoklesschwert der Abänderbarkeit kürzere oder gar längere Zeit über ihm schwebe. Ein potentieller Richtigkeitsverlust müsse deshalb hingenommen werden.

Dieses Privileg, dass eine Schiedsrichterentscheidung unabänderlich sein soll, ist im Ansatzpunkt von staatlichen Gerichten/Schiedsgerichten zu beachten. Insoweit setzt die Verbands-/Vereinsautonomie (Art. 9 Abs. 1 GG) ein. Sicherlich werden die Rechte und die Rechtspositionen der Sportler vom Staat nach rechtsstaatlichen Grundsätzen geschützt. Vor dessen Eingreifen ist auf Seiten des Verbandes die „Sport-Typizität" der Regelung und der darauf beruhenden Verbandsentscheidung (Schiedsrichterentscheidung) ins Feld zu führen.[70] Sie bewirkt in den meisten Fällen die Bestandskraft der Spielfeldentscheidungen, der sich die staatlichen Gerichte bis hin zum BGH in ständiger Rechtsprechung[71] beugen: 5

Ringen/Tatsachenentscheidung/Regelverstoß/ 6
Spielwertung
RechtsO des Deutschen Ringer-Bundes § 21

1. ***Der Grund für die Unanfechtbarkeit von Tatsachenentscheidungen liegt darin, dass gewährleistet werden muss, sportliche Wettbewerbe innerhalb einer angemessenen Frist durchzuführen.***
2. ***Mit der Entscheidung, dass eine Aktion des Ringers mit einem Punkt zu werten ist, trifft das Kampfgericht zugleich die Feststellung, dass die Aktion im Zeitpunkt des Gongschlags beendet gewesen ist und daher innerhalb der regulären Kampfzeit stattgefunden hat. Die Feststellung des Beginns und des Endes eines bestimmten Geschehens ist eine Tatsachenentscheidung.***
3. ***Der Grundsatz der Unanfechtbarkeit von Tatsachenentscheidungen des Kampfgerichts gilt nicht absolut und ohne jede Ausnahme. Ein Ausnahmefall ist dann anzunehmen, wenn die Fehlerhaftigkeit der Tatsachenfeststellung des Kampfgerichts offenkundig ist. (Leitsätze der Redaktion)***

---

70 *Pfister*, Meca-Medina …, SpuRt 2007, 58, 59.
71 In *Reiter*-Urteil des BGH, NJW 1995, 583, 587 m.w.N.; OLG Saarbrücken, Urteil vom 30. 11. 1982, 2 U 113/81, SportR 16/32/3.

OLG Saarbrücken, Urteil vom 30. 11. 1982, Az.: 2 U 113/81

Fundstelle: SportR 16/32/3

Dieser Grundauffassung über die Bestandskraft der Entscheidungen des Referees auf dem grünen Rasen schließt sich auch die sportrechtliche Literatur an[72] und verteidigt die Stabilität der Fußballentscheidungen.

7 Die Sportrechtsliteratur spricht aber – soweit erkennbar – nicht die wohl als selbstverständlich erachtete weitere Position aus, dass die Schiedsrichterentscheidungen auch gegenüber den „Gerichtsinstanzen“ des jeweiligen Verbandes resistent sind. Insoweit löst nicht die Autonomie des Verbandes (Art. 9 Abs. 1 GG) eine „Bindung unter sich“ aus, sondern das internationale Fußballrecht mit seiner Regel 5 Entscheidung 1. Die Frage, ob in beiden Feldern die gleichen Kriterien für eine etwaige Ausnahme bestehen, soll an dieser Stelle zurückgestellt werden.

Kapitel 2: Ergebniskorrektur nach Regelverstoß

8 Die eingangs angesprochenen beiden Variationen der Fehlentscheidungen eines Schiedsrichters sind hinsichtlich ihrer Vereinbarkeit mit höherem Fußballrecht unterschiedlich zu beurteilen.

Der „Regelverstoß ist in den FIFA-Statuten nicht expressis verbis erwähnt, sodass man daraus schließen kann, dass die ihn regelnden Vorschriften (§ 17 Abs. 2 c) DFB-RuVO; § 44 Abs. 1 und 3 RPO) mangels entgegenstehenden FIFA-Rechts unbedenklich sind. Diese Auffassung kontern die FIFA-Rechtsexperten mit dem Hinweis, dass die spielrelevanten „Tatsachen“ in solche im **engeren** und im **weiteren** Sinne zu trennen seien, zu letzterer gehöre der Regelverstoß bzw. der regeltechnische Irrtum, welcher nach ständiger Rechtsprechung bzw. authentischer Interpretation unter den weiteren Begriff zu subsumieren sei. Nach dem Sprachgebrauch überzeugt eine solche Erstreckung eines

72 Statt vieler: *Reichert*, aaO., Vereinsrecht, Rn. 2891.

Fehlers im tatsächlichen Bereich auf einen Irrtum im Rechtsbereich nicht. Weit näher und deshalb sich aufdrängend ist ein **Umkehrschluss** von der endgültigen Tatsachenentscheidung auf eine nicht endgültige Rechtsentscheidung. Die Folge daraus ist, dass es den Mitgliedern der FIFA (UEFA, DFB, Schweiz) **nicht** gemäß Art. 6 Abs. 1 FIFA-Statuten untersagt ist, einen Regelverstoß des Schiedsrichters in Protest-/Einspruchsfällen zu prüfen und gegebenenfalls eine Korrektur des Spielergebnisses vorzunehmen. Die darüber hinaus bestehende Pflicht der FIFA-Mitglieder, auf die Einhaltung der FIFA-Statuten (Art. 13 Abs. 1 FIFA-Statuten) berührt bei dieser Auslegung von Fußballregel 5 dann den Regelverstoß überhaupt nicht.

Damit ist als Zwischenergebnis festzuhalten, dass bei Wett- **9**
bewerben der UEFA, des DFB, des SFV „Regelverstöße der Schiedsrichter" einen Protest bzw. einen Einspruch gegen die Spielwertung dem Grunde nach durchaus rechtfertigen können, nicht jedoch bei den von der FIFA veranstalteten Spielen. Mit anderen Worten: Wenn nationale Verbände oder die UEFA einen Regelverstoß in ihren Statuten als Protestgrund vorgesehen haben, führt dies bei einem Nicht-FIFA-Spiel zu keiner Beanstandung durch den Weltfußballverband. Im Ergebnis begründet ist ein solcher Rechtsbehelf, wenn der gegebene Regelverstoß *„die Spielwertung als verloren und unentschieden mit hoher Wahrscheinlichkeit beeinflusst hat"*. Nach Art. 44 Abs. 1 RPO kann *„der Protest auf einen entscheidenden Regelverstoß des Schiedsrichters oder auf andere das Spiel wesentlich beeinflussende Vorgänge"* gestützt werden. Nach Abs. 3 schaltet die UEFA aber die rote Ampel ein: *„Gegen Tatsachenentscheide des Schiedsrichters kann nicht protestiert werden."* Folgerichtig konnte die UEFA in Nyon auf den Protest des französischen Fußball-Clubs OSC Lille betreffend das Champions-League-Spiel des OSC gegen Manchester United in die materielle Prüfung eintreten – es lag keine Tatsachenentscheidung vor. Die Kontroll- und Disziplinarkammer der UEFA hat entschieden, dass die überraschende Ausführung eines Freistoßes durch *Ryan Riggs* in der 83. Minute keinen Regelverstoß des Schiedsrichters dargestellt habe, vielmehr eine nach den Fußball-Regeln zulässige Spielvariante gewesen sei.

10 Bei der **Kausalität** sind die Umschreibungen *„die Spielwertung als verloren oder unentschieden mit hoher Wahrscheinlichkeit beeinflusst hat"* (DFB) oder *„das Spiel wesentlich beeinflussende Vorgänge"* Formulierungen mit gleicher Bedeutung. Für den DFB-Bereich datiert insoweit die „älteste" Einspruchsentscheidung aus dem Jahre 1908.[73] In deren Gründen heißt es:

> *„... weil dem Schiedsrichter ein bedenkliches Versehen unterlaufen ist, weshalb das ‚knappe Ergebnis' habe anders lauten können."*

Das betreffende Spiel wurde neu angesetzt.

11 Für die Kausalität sind u. a. der Zeitfaktor, der Spielstand zum Zeitpunkt des Schiedsrichterfehlers, der Ort auf dem Spielfeld, an dem sich der Regelverstoß ereignete, maßgebliche Faktoren. „Kleine Regelverstöße" bewirken dies nicht: kaum ein Freistoß wird an der richtigen Stelle ausgeführt – nach einer Unterbrechung wird der Ball gespielt, ohne dass er geruht hat – beim Anstoß zur zweiten Spielhälfte stößt die falsche Mannschaft an – der Abstand der Mauer beträgt fast nie 9,15 m. Dies sind fußballerische Peanuts, die ohne Relevanz für das Spielergebnis sind.

12 Die Schiedsrichterfehler, die zum Erfolg des Einspruchs führen, müssen mit Sicherheit nachgewiesen sein, und der Grad der Beeinflussung des Spielergebnisses muss hoch sein. Eine Auswirkung nur auf das Torverhältnis des Spiels reicht nach dem Wortlaut des DFB-Rechts („Spielwertung") von vornherein nicht aus. Auch nach UEFA-Recht richtet sich der Einspruch gegen die „Spielwertung" (§ 44 Abs. 1 RPO).

13 Die Beweislast für die Beeinflussung der Spielwertung hat der Einspruchsführer. Das erkennende Verbandsgericht muss eine Überzeugung von der Kausalität für die Spielwertung bis zur an Sicherheit grenzenden Wahrscheinlichkeit haben – vernünftige Zweifel dürfen nicht bleiben.[74] Dieser Grad der Gewissheit ist bei der zu prüfenden Ergebnisbeeinflussung in der Praxis sehr schwer erzielbar. Andererseits darf man natur-

---

73 Jahrbuch Fußball 1908.

74 So BHG in der *Anastasia*-Entscheidung, BGHZ 53, 245, 256 = NJW 1970, 945 ff.

gemäß keine unerfüllbaren Beweisanforderungen stellen. Die freie Überzeugung des Richter-Gremiums hat unter Heranziehung vorstehender Kriterien des Zivilprozesses sich auf eine lebensnahe und auf sportliche Erfahrung stützende Überzeugung über einen hoch wahrscheinlichen Verlauf ohne den Regelverstoß zu bilden. Über diese tatsächliche Schiene ist eine Zurückweisung eines Einspruchs wahrscheinlicher oder auch bestandsfester als über die rechtlichen Barrieren.

Nach UEFA-Recht sind die gleichen Erwägungen anzustellen.

In der Hand weiser fußballerfahrener Sportrichter kommt man damit fast immer dem von der FIFA gewollten und nach ihrer Auffassung in Regel 5 absoluten Ausschluss einer Korrektur der Schiedsrichter-Entscheidung nahe.

Anzumerken ist, dass ein Einspruch, der diese Hürden über- **14**
wunden hat, niemals zu einer numerischen Ergebniskorrektur (etwa statt 1:1 ein 2:1 für den Benachteiligten) führt, sondern nur zu einer Spielannullierung mit Neuansetzung der Partie mit 0:0. Interessant ist eine Variante, die in der spanischen Primera División praktiziert wird: Ein Spiel ist wegen eines Einspruchsereignisses – dieses war z.B. in der 60. Minute – zu annullieren; es wird dann ab der 61. Minute neu an einem anderen Tag ausgetragen.

Im Zusammenhang mit dem Verbot der direkten Ergebniskor- **15**
rektur und der nur möglichen Rechtsfolge eines erfolgreichen Einspruchs in Gestalt der Neuansetzung des Spieles sollen zwei Konstellationen dargestellt werden, die eventuell zu einem schwer erträglichen Nachteil für einen der betroffenen Vereine führen könnten:

Beispiel 1: Verein A führt 1:0. Kurz vor Spielschluss gleicht Verein B durch einen regelwidrigen Treffer aus. Das auf Protest von A angesetzte Wiederholungsspiel endet mit einem Sieg von B.

Man könnte sich in diesem Fall damit trösten, dass A bei der Protesteinlegung mit diesem „fatalen“ Ergebnis hätte rechnen müssen und in Kauf genommen hat, den sicheren Punkt in Gestalt des Ergebnisses beim Schlusspfiff aufs Spiel zu setzen.

Beispiel 2: Verein A führt in der 89. Spielminute 1:0. Dem Verein B wird ein glasklares Tor nicht gegeben. Auf Protest von B wird das Ergebnis annulliert und das Spiel neu angesetzt. Die Wiederholungspartie endet mit einem Sieg von B.

Dieser Verein hätte bei regelgerechter Entscheidung des Schiedsrichters im besten Fall ein Unentschieden 1:1 erreicht, A hätte immerhin einen Punkt sicher gehabt. Diese Verböserung des für das Protestverfahren nicht initiativen Vereins A ist schwer erträglich. Man könnte das Problem entschärfen, indem man in der Protestentscheidung eine „Verböserungssperre“ in den Urteilstenor etwa des Inhalts aufnimmt: *„Endet das Wiederholungsspiel mit einem Sieg von B, ist das Ergebnis nicht schlechter als 1:1 zu werten.“* Soweit ersichtlich, haben sich Rechtsprechung und Literatur bisher noch nicht mit der reformatio in peius im Spielwertungsverfahren befasst. Man darf auf das Ergebnis einer solchen Erörterung gespannt sein.

Kapitel 3: Reaktionen der FIFA – des CAS

16 Bewusst soll **vor** der Abhandlung der Korrektur einer fehlerhaften Tatsachenentscheidung die **Rolle der FIFA**, des mächtigen Weltfußballverbandes, dessen Recht die Mitgliedsvereine **bindet** (Art. 13 Abs. 1 FIFA-Statuten), beleuchtet werden. Ein Strich des International BOARD und der Großteil der Streitsachen, die vorstehend abgehandelt worden sind, wären Makulatur: Dieser Zustand würde eintreten, wenn der BOARD in Regel 5 Entscheidung 1 formulieren würde: *„Die Entscheidungen des Schiedsrichters sind endgültig.“* Klar und abschließend wäre ein Tabu aufgebaut, das nur unter äußerst selten vorkommenden Voraussetzungen (vielleicht?) gekippt werden könnte (siehe unten Kapitel 5).

17 Die FIFA hat sich in drei Fällen mit DFB-Urteilen, die Schiedsrichterentscheide aufhoben, befasst. Erstaunlich ist, dass dies bezüglich der Einzigartigkeitsentscheidung aus dem Jahre

1978[75] nicht – zumindest nicht offiziell – der Fall gewesen ist. Man hörte nur den Unmut aus der Schweiz aufkommen – aber keine direkte Intervention. Klarzustellen ist, dass alle einschlägigen DFB-Urteile nicht über die Verbandsebene hinaus gelangt sind: Es wurden also weder staatliche noch Schiedsgerichte angerufen.

Die FIFA nahm nach dem Urteil zum „Phantom-Tor" von *Thomas Helmer* Akteneinsicht beim DFB. Dessen Sportgericht hatte den oben geschilderten Weg der Konstruktion eines Regelverstoßes wegen unterbliebener Kontaktaufnahme zwischen Schieds- und Linienrichter gewählt, obwohl noch offenkundiger als im Falle „Neunkirchen" kein Tor erfolgt war. Damit blieb die Tatsachenentscheidung unangetastet, die FIFA war beruhigt. Sie sah keinen Grund zum Eingreifen; der Deutsche Fußball-Bund „habe bei der Neuansetzung des Spiels im Rahmen seiner Kompetenz gehandelt". [76] Insoweit ist lediglich eine Presseverlautbarung über diese Feststellung seitens der FIFA erfolgt. Gleichwohl wird damit unzweideutig mittelbar von dem Weltfußballverband bestätigt, dass eine Ergebniskorrektur und Spielneuansetzung bei einem **Regelverstoß** zulässig sei – im Rahmen der entsprechenden Regelung des § 17 Nr. 2 c) RuVO. **18**

Für einen internationalen Spitzenverband wie die FIFA ist überraschend deren ziemlich aufgeregte Reaktion in einem relativ unbedeutenden Fall. Beim Zweitligaspiel VfB Leipzig gegen Chemnitzer FC vom 11. Juni 1995 hatte Schiedsrichter *Prengel* nach einem von ihm als verwarnungswürdig erkannten Foul rechtsirrtümlich die Rote Karte gezeigt. Das DFB-Sportgericht hatte einen für das Ergebnis relevanten Regelverstoß bejaht und setzte das Spiel neu an. Die FIFA entschied nach eigener Beweisaufnahme und vom DFB-Sportgericht abweichender Würdigung der Zeugenaussagen wie folgt: **19**

- dem DFB wird ein Verweis erteilt,
- der DFB wird angewiesen, dass das fragliche Spiel als gültig zu bewerten ist,

75 Urteil Nr. 7/78/79, SportR 16/16/17.
76 FIFA MEDIA RELEASE vom 2. 5. 1997.

- für den Wiederholungsfall wird dem DFB eine Strafe bis zum Ausschluss aus dem Weltpokal-Wettbewerb der FIFA angedroht.

Diese Entscheidung wurde für nicht berufungsfähig erklärt!

Die DFB-Gerichtsbarkeit meinte, dass der Schiedsrichter einen momentanen Irrtum durch Bekanntgabe eines unwahren Sachverhalts als Grundlage einer dann regelgerechten Entscheidung verdecken wollte, was einen Regelverstoß darstellte. Die FIFA legte nach ihrer Beweisaufnahme einen anderen Sachverhalt ihrer Entscheidung zugrunde. Sie schrieb an den DFB, dass es sich bei der Aktion des Schiedsrichters **nicht** um einen Regelverstoß, sondern um eine Tatsachenentscheidung gehandelt habe, die nicht korrigiert werden dürfe.

20 Im Hinblick darauf, dass die FIFA im Falle des VfB Leipzig gegen Chemnitzer FC andere Tatsachen ihrem Urteil zugrunde gelegt hatte, setzte das DFB-Sportgericht[77] das Bundesligaspiel 1860 München gegen Karlsruher SC wegen „nachgewiesenen Schlüssigmachens der Schiedsrichterentscheidung" neu an, da „der Referee bewusst einen anderen Sachverhalt angegeben habe, als er ihn in Wirklichkeit festgestellt habe".

Dieses Mal reagierte die FIFA in der Form moderat, im Ergebnis aber unnachgiebig. In dem Schreiben des Generalsekretärs an den DFB wird um Kenntnisnahme gebeten, dass es sich bei dem fraglichen Entscheid des Schiedsrichters um eine Tatsachenentscheidung handele. Das angefochtene Urteil sei deshalb nichtig und die Ergebniskorrektur in der Tabelle rückgängig zu machen.

Die FIFA-Entschließung setzt sich **nicht** mit der Argumentation der Vorinstanz auseinander, dass Schiedsrichter *Malbranc* vor dem Schuss des Karlsruher Spielers *Sean Dundee* gepfiffen habe, um einen Freistoß für Karlsruhe zu geben. Als der Ball direkt ins Münchener Tor flog, habe der Referee den Treffer anerkannt. Die FIFA stellte ex cathedra fest, es liege eine unangreifbare Tatsachenentscheidung vor. Die Unaufrichtigkeit

77 Urteil vom 27. 10. 1997, SportR 15/16/28.

des Schiedsrichters wird mit keinem Wort gewürdigt. Da man den FIFA-Juristen nicht unterstellen kann, dass sie bewusst eine Regelverfälschung durch den Schiedsrichter decken wollen, ist wohl davon auszugehen, dass sie angenommen haben, dass bezüglich der inneren Vorgänge bei der Entscheidung eines Schiedsrichters ein Beweisthemenverbot bestehe: Der Ablauf der für die Entscheidungsfindung des Schiedsrichters maßgeblichen Vorgänge solle nach der FIFA-Vorstellung tabu sein.[78]

Beim DFB diskutierte man nach dieser Intervention aus Zürich ernsthaft, den Protestgrund des Regelverstoßes in § 17 Nr. 2 c) RuVO zu streichen. Man fand dann aber den salomonischen Ausweg aus der Vorgabe der FIFA und dem traditionellen deutschen Rechtsverständnis zu Regel 5. Durch Beiratsbeschluss vom 18. August 1998 unterwarf sich der DFB der Letztentscheidung der FIFA, ohne seinen eigenen Standpunkt von vornherein aufzugeben. § 18 Nr. 6 RuVO lautet: **21**

> *„Die Entscheidung über die Spielwertung treffen die Rechtsorgane des DFB. Wird auf Spielwiederholung gemäß § 17 Nr. 2 c) RuVO erkannt, wird die rechtskräftige Entscheidung zur abschließenden Bewertung der FIFA vorgelegt."*

Die FIFA hat sich außerdem für die von ihr veranstalteten Spiele eine weitere „Schutzzone" aufgebaut, indem sie in Art. 63 Abs. 3 a) FIFA-Statuten die Anrufung des CAS bei Verstößen gegen die Spielregeln ausschließt.

Mit der CAS-Rechtsprechung in Spielwertungsfällen hat sich die FIFA, soweit ersichtlich, noch nicht befasst. Zumindest seit den Olympischen Spielen in Athen 2004 hat nämlich der CAS zu dieser Problematik eine gefestigte Rechtsprechung entwickelt, die ausgehend von dem Sachverhalt der ersten Instanz jeweils richterlich zur Billigung der DFB-Entscheidungen in den beiden letzten Fällen wegen treuwidrigen Verhaltens des Schiedsrichters geführt hätte (siehe nachfolgend Kapitel 4). **22**

---

78 *Hilpert*, Fußballstrafrecht, S. 196.

Kapitel 4: Die Rechtsprechung der CAS-Spielwertungsfälle

23 Nach ständiger Praxis schützt das oberste Sportgericht der Welt die Spielfeldentscheidungen und erklärt, dass die Spielregeln (Rules of the Game), welche den korrekten Ablauf des Wettkampfs festlegen, nicht Gegenstand einer richterlichen Überprüfung sein können. Nur wenn die Schiedsrichterentscheidung *„willkürlich oder treuwidrig, d.h. in böser Absicht getroffen worden ist"*, gelte eine Ausnahme.[79] Anlässlich der Spiele in Athen 2004 forderte der CAS in dem spektakulären Fall *Vanderlei Cordeiro de Lima*, dem unglücklichen Marathonläufer aus Brasilien, der im olympischen Wettkampf in Führung liegend kurz vor dem Ziel von einem Zuschauer von der Strecke gedrängt wurde und erst als Dritter einlief, von dem Athleten „den **Nachweis,** dass das Verbandsgremium, das seinen Protest behandelte, seine Entscheidung gegen Treu und Glauben getroffen habe". Nicht jeder unrichtige Schiedsrichterentscheid sei nämlich willkürlich. Der CAS definierte den Ausnahmefall dahin, dass ein Sportler erwiesenermaßen bevorteilt oder benachteiligt worden ist, z.B. als Folge einer Bestechung. Die Hürde für einen solchen Nachweis ist hoch. Wäre sie jedoch tiefer, so fährt der CAS fort, bestünde das große Risiko einer Flut von Klagen enttäuschter Wettkämpfer, die nichts unversucht ließen, ihr Resultat am grünen Tisch zu verbessern.[80]

24 Eindeutig erfasst werden somit bewusste Ergebnisverfälschungen durch den Schiedsrichter (so auch die Korrespondenz des DFB mit der FIFA im Falle des bestochenen Schiedsrichters *Hoyzer*) oder Ergebniskosmetik durch den Referee (die Fälle des „Schlüssigmachens" einer Entscheidung, oben Kapitel 3 Rn. 19 und 20).

25 „Fußballfälle" sind aber noch nicht bis zum CAS gelangt, weil der Rechtsweg zu dem obersten Schiedsgericht des Sports durch Art. 63 Abs. 3 a) FIFA-Statuten (2009) versperrt ist (*„Der*

---

79 CAS, SpuRt 2006, 32f.

80 CAS, Urteile vom 8. 9. 2005 und 30. 4. 2006, SpuRt 2006, 32f., 162ff.

CAS behandelt keine Berufungen im Zusammenhang mit Verstössen gegen die Spielregeln").

Das Sportschiedsgericht lässt in seiner bisherigen Rechtsprechung sehr wohl Ausnahmefälle von der absoluten Geltung der Spielfeldentscheidung zu. Zwei betreffen spezielle Konstellationen, die eine Vorwerfbarkeit gegenüber dem Schiedsrichter beinhalten, nämlich die Fälle der Treuwidrigkeit oder der Willkür. Daraus könnte man im Umkehrschluss ableiten, dass vom Schiedsrichter nicht verschuldete grobe Regelverstöße nicht erfasst sein sollen (?). Auf jeden Fall hat der CAS bisher noch nicht eine Generalklausel entwickelt, die – wenn es die Gerechtigkeit fordert – zur Spielannullierung führen kann.

Kapitel 5: Bestandaufnahme der Fehlentscheidungen des Schiedsrichters

Auf der Suche nach einem Passepartout für alle Fälle korrekturbedürftiger Schiedsrichterentscheidungen soll vorweg eine Übersicht über gesicherte Erkenntnisse zu unserer Thematik gegeben werden: **26**

Maxime 1: Die Schiedsrichterentscheidungen, die aufgrund eines spielentscheidenden Regelverstoßes begangen worden sind, sind im Spielbetrieb von UEFA, DFB, SFV anfechtbar, nicht aber derzeit die im FIFA-Bereich.

Maxime 2: Die Schiedsrichterentscheidungen, die in tatsächlicher und rechtlicher Hinsicht fehlerfrei ergangen sind, sind absolut unantastbar.

Maxime 3: Fehlerhafte Schiedsrichterentscheidungen, denen ein spielentscheidender Tatsachenirrtum des Schiedsrichters zugrunde liegt, sind bestandskräftig, es sei denn, Maxime 4 greift ein … (siehe nachfolgendes Kapitel 6).

Kapitel 6: Die Kriterien für die Korrektur einer fehlerhaften Tatsachenentscheidung

27 Jeder Fußballfreund und erst recht jeder Fußballjurist ist sicherlich dafür, dass die Tatsachenentscheidungen auf dem Spielfeld heilig sind. Aber die Juristen, insbesondere diejenigen, die in ihrem Berufsleben Richter waren, haben die Erfahrung gemacht, dass es Sachverhaltsvarianten gibt, bei denen die Gesetzesanwendung unerträglich werden kann. Der staatliche Richter ist nach seinem Eid (§ 38 DRiG) verpflichtet, nur der Wahrheit und Gerechtigkeit zu dienen. Aber was ist in Extremfällen die Gerechtigkeit? Es steht einem Sportjuristen nicht schlecht an, wenn er bei der Suche nach der richtigen Erkenntnis sich dem großen Rechtslehrer in der ersten Hälfte des 20. Jahrhunderts *Gustav Radbruch*[81] anschließt, der postuliert hat, dass die Rechtssicherheit grundsätzlich den Vorrang hat, *„solange der Widerspruch des positiven Rechts zur Gerechtigkeit nicht ein so unerträgliches Maß erreicht hat, dass das* ***Gesetz als unrichtiges Recht*** *der Gerechtigkeit zu weichen hat“.*

Ein solcher theoretischer Ansatz könnte auch im Fußballrecht einen Weg der angemessenen Reaktion auf ein Black-out eines Schiedsrichters bei einer bedeutsamen Spielentscheidung sein: Dies ist der Fall bei Situationen, in denen der Fairness-Gedanke nach einer Korrektur der Schiedsrichterentscheidung auf dem Spielfeld **„schreit“.**

28 Um dabei zu sportlich gerechten Entscheidungen zu kommen, müssen weitere taugliche Kriterien gefunden werden, mit deren Hilfe die korrekturbedürftigen von alltäglichen (bestandskräftigen) Entscheidungen abzugrenzen sind.

29 Ein Kriterium ist in der Einzigartigkeitsentscheidung zum Spiel Borussia Neunkirchen gegen Stuttgarter Kickers am 21. Oktober 1978[82] (s. oben Seite 116) enthalten, das zwischen-

---

81 *Radbruch*, aaO., S. 105.
82 Urteil Nr. 7/78/79, SportR 16/16/17.

zeitlich allgemeine Anerkennung in der Rechtsliteratur[83] gefunden hat: Die Fehlerhaftigkeit der Tatsachenfeststellung des Schiedsrichters muss **„offenkundig"** sein. Auch die obergerichtliche staatliche Rechtsprechung hat dieses Merkmal angewandt und gefordert, dass diese Fehlerhaftigkeit der Tatsachenentscheidung[84] evident sei, d.h., wenn sie für jeden Beteiligten und Zuschauer unmittelbar, irrtumsfrei und ohne Weiteres wahrnehmbar und beweisbar gewesen sei. Das OLG Saarbrücken stützt sich dabei auf eine Fernsehvorführung zu einem Fall, ob im Ringen eine Aktion noch vor oder nach der Schlusssirene ausgeführt worden ist. Gerade dieser Punkt wird derzeit in der Literatur wohl teilweise anders gesehen.[85] Der Begriff „Offenkundigkeit" findet sich in den FIFA- und den DFB-Vorschriften[86] und wird dabei definiert, *„dass für jeden Spieler und Zuschauer, welcher die Spielszene ohne Sichtbehinderung verfolgen konnte,* ***unmittelbar*** *und* ***beweisbar*** *feststand, dass ...".*[87] Teilweise wird für die Offenkundigkeit die gleiche Beobachtungssituation wie die beim Schiedsrichter im Stadion verlangt und die Fernsehaufnahme nicht, schon gar nicht als Zeitlupe, akzeptiert: So wohl auch die FIFA, die für einen offensichtlichen Irrtum des Schiedsrichters fordert, dass „der Irrtum schon per Definition sofort feststellbar sein müsse".[88] Die Begriffe „Offensichtlichkeit" und „Offenkundigkeit" liegen dabei sprachlich nahe beieinander.

Dieser Auffassung ist jedoch entgegenzuhalten, dass der Weg **30**
des Ausschlusses von staatlich zulässigen Beweismitteln öfters wegen einer vorgeblichen Besonderheit des Sports gegangen worden ist, aber nicht immer überzeugend wirkt. Wenn Millionen Betrachter am Fernsehen die evidente Fehlerhaftigkeit einer Schiedsrichterentscheidung – ein- oder gar mehrmals –

---

83 PHB/*Summerer*, aaO., II 5, Rn. 331: *„... eine mutige Entscheidung"*; *Waske*, aaO., S. 186; *Haas*, aaO., B II Rn. 36; *Reichert*, aaO., Rn. 3096.
84 OLG Saarbrücken, Urteil vom 30. 11. 1982 (2 U 113/81), SportR 16/32/3.
85 Siehe oben Teil IV Kapitel 2 = Seite 109, Rn. 43: *Wolf*, Fn. 55.
86 §§ 11, 12 RuVO.
87 DFB-Bundesgericht, SportR 16/16/17.
88 Zirkular Nr. 866 vom 24. 9. 2003.

mit und ohne Zeitlupe festgestellt haben, kann man sich m.E. nicht auf eine fiktive Betrachtungssituation eines Zuschauers im Stadion, der wie der Schiedsrichter den Blick hatte, berufen.

Wenn es um die Wahrheit geht, sollte jedes – nicht ohnehin verwerfliche – Mittel zur Klärung herangezogen werden, zumal gerade das Fernsehen, von dem Milliarden Menschen ihre täglichen Informationen beziehen, die Erkenntnisquelle per se ist. Man glaubt in der Welt keiner Institution oder gar Autorität mehr als dem Fernsehen.

31 An der Offenkundigkeit der Fehlerhaftigkeit wäre ein fiktiver Protest gegen die Wertung des WM-Endspiels 1966 Deutschland gegen England im „alten" Wembley-Stadion gescheitert. Für die Version „Der Ball war hinter der Torlinie" hätte ebenso viel gesprochen wie für die, „dass der Ball nicht über der Torlinie gewesen ist" (non liquet!).

Am Rande soll insoweit eine nicht zu lesende Information geschildert werden: Ein mir bekannter Zuschauer, der im Stadion unmittelbar hinter Linienrichter *Tofik Bachramow* vorne an der Barriere gestanden hat, beobachtete ganz aus der Nähe, dass Schiedsrichter *Gottfried Dienst* zu dem Linienrichter herbeigeeilt sei, der eine aber deutsch und der andere russisch gesprochen habe und offensichtlich keine übereinstimmende Verständigung zustande gekommen ist.

32 Außer der Offenkundigkeit der Fehlentscheidung sind in Spielwertungsverfahren aber **zusätzliche Kriterien** erforderlich, die eine Aufhebung eines Tatsachenirrtums bewirken können.

Grundlage für eine solche Lösung könnte der ordre public sein.[89] Außerdem ist ein Ansatz hierfür in den von den Zivilgerichten für Vereinsmaßnahmen entwickelten Kontrollmöglichkeiten hinsichtlich des Inhalts, der Subsumtion und der Tatsachen einer Entscheidung zu finden.[90] Gerade bei sozial mächtigen Verbänden wie dem Deutschen Fußball-Bund sind die Gerichte verpflichtet, bei der Auslegung der Generalklau-

---

89 PHB/*Pfister*, aaO., Einführung C S. 20, Fn. 124.
90 *Hilpert*, Fußballstrafrecht, S. 255.

seln des BGB (§§ 242, 138) die Grundrechte als „Richtlinien“ zu beachten[91] und zum Schutze der Mitglieder eine eingehende inhaltliche Prüfung der sportlichen Regelwerke vorzunehmen. Anhand der Wertordnung der Grundrechte – Art. 9 Abs. 1 GG und Art. 12 Abs. 1 GG einerseits und Art. 2 Abs. 1 GG andererseits – ist die richtige Erkenntnis zu gewinnen. Eine praktische Konkordanz beider Grundrechte und eine Heranziehung des Rechtsgedankens des § 661 Abs. 2 BGB ergeben m. E. bei der gebotenen Abwägung der beiderseitigen Interessen eine sachgemäße Lösung. Diese sollte so lange wie möglich die sportliche Autonomie und damit den Bestand der Schiedsrichterentscheidung zum Schutze des sportlichen Ablaufs eines Fußballspiels und des Spielsystems, in das es eingebettet ist, schützen; sie sollte insbesondere dabei dem Bedürfnis nach einem sofortigen definitiven Feststehen eines Resultats nach Möglichkeit Rechnung tragen.

Die perfekte Lösung ist dabei aber nicht leicht zu finden. Bei der **33**
Suche nach richtigen Abgrenzungskriterien sind die bedeutsamen von den Bagatellfällen zu trennen. Die Grenze der Justiziabilität der Schiedsrichterentscheidung ist eng abzustecken. Andererseits muss man sich bewusst sein, dass Richtigkeitsdefizite bei den Entscheidungen eines Schiedsrichters zu verschmerzen sein müssen, da er wie jeder andere Mensch irren kann. Bei aller Hochachtung vor dem Selbstbestimmungsrecht der Verbände bleibt in Anlehnung an die *Radbruch*'sche Weisheit[92] die Erkenntnis, dass der Grundsatz der Unantastbarkeit der Schiedsrichter in tatsächlicher Hinsicht nicht absolut sein kann. Das Leben und insbesondere das Fußballspiel ist so vielfältig und variantenreich, dass der Ausschluss jeglicher Ergebniskorrektur nicht immer sachgerecht sein kann, sondern dass es Situationen gibt, die eine Ausnahme erheischen. Die Kunst des Richters ist es, aus der Fülle der Tatsachenirrtümer und damit der rechtswidrig festgestellten Sachverhalte die ausnahmsweise zu korrigierenden Entscheidungen, bei denen die Stabilität des Ergebnisses sinnvoll ist, aus den anderen Fällen

91 BGH, SportR 14/16/40.
92 Siehe Seite 136, Rn. 27 und Fn. 81.

herauszupicken. Meines Erachtens hat in der Literatur noch niemand eine Patentlösung gefunden und angeboten.

34 Der richtige Weg ist dabei mit tauglichen Kriterien zu finden, die justizförmig entwickelt und dann angewandt werden können. *Haas*[93] spricht insoweit davon, dass „die CAS-Formationen neben der Fehlerhaftigkeit der Entscheidung ‚weitere Umstände' subjektiver und objektiver Art fordern".

35 Der hier vorzustellende Lösungsweg berücksichtigt auf der einen Seite, dass sportimmanente Fehlentscheidungen **grundsätzlich** (!) hinzunehmen sind. Das Herzstück des Fußballspiels ist unbestreitbar die Torentscheidung. Sie spricht die Fußballregel 5 Entscheidung 1 an, wenn sie dort für endgültig erklärt wird. Dabei unterlaufene Erkenntnisfehler des Schiedsrichters sind prinzipiell zu akzeptieren. So wird das Fußballspiel in der ganzen Welt verstanden und akzeptiert. Mit dem Schlusspfiff des Schiedsrichters steht das Ergebnis unerschütterlich fest.

Beim Suchen nach einer Ausnahmeregelung ist es geboten, die Trennschärfe zwischen Sportwahrheit und Ergebniskorrektur konkret zu bestimmen. Eine glatte Formel hierfür gibt es nicht – auch kein Losungswort dafür. Vielmehr sagen die Sportjuristen den juristischen Laien des Fußballsports: *„Es kommt darauf an: ..."*

Die zu gewinnende Formel gilt dabei nicht nur für die anzurufenden staatlichen Gerichte/Schiedsgerichte, sondern auch für die Spruchinstanzen auf Verbandsebene, die dessen Verwaltungsorgane sind.

36 Von vornherein auszuscheiden sind die Fehlentscheidungen **ohne Relevanz** für die Spielwertung. Spielentscheidende Fehler sind damit aber nicht per se korrigierbar. Es gibt nicht die korrekturbedürftige Fehlerhaftigkeit schlechthin.

Von *Radbruch*[94] ist für die Rechtsfindung der Gedanke des Gesetzesunrechts, das unerträglich sei, für das Sportrecht frucht-

---

93 *Haas*, Die Überprüfung von „Spielentscheiden" ..., CaS 2007, 132.
94 Siehe Seite 136, Rn. 27 und Fn. 81.

bar zu machen. Die daran anknüpfenden Fallvarianten sollen im Fußballspielbetrieb von **extremer Seltenheit** sein. Die logische Voraussetzung dafür ist, dass nur in seltenen Ausnahmefällen die Unerträglichkeit angenommen werden darf. Taugliches Hilfsmittel für eine solche Abgrenzung ist wie im staatlichen Recht die verfassungsrechtliche Goldader deutscher Rechtsfindung – der *Verhältnismäßigkeitsgrundsatz* und die sportliche Maxime für Recht und Billigkeit – der *Fair-Play-Gedanke. Fair* heißt in diesem Zusammenhang *„nach den Regeln spielen"*, anders ausgedrückt, dass der Schiedsrichter **grundsätzlich** Recht hat. Unverhältnismäßig wäre es, geringfügige und ohne mit größeren Nachteilen für einen Verein verbundene Fehlentscheidungen des Schiedsrichters für korrigierbar zu halten.

Den Schlüssel zur Wahrheit **und** Gerechtigkeit findet nach al- **37**
ledem der Sportrichter anhand folgender Kriterien:

Maxime 4:

- Offenkundigkeit der Unrichtigkeit der Schiedsrichterentscheidung,
- Unerträglichkeit der Beibehaltung des Fehlers des Referees,
- Die Auswirkungen des Fehlers sollen folgenschwer, aber nicht unverhältnismäßig und keinesfalls „nicht fair" sein.

Früher hatte ich als zusätzliche Rückausnahme bei Schieds- **38**
richterentscheidungen im Text vorgeschlagen: *„... wenn eine Spielwiederholung wegen überragender Gesichtspunkte des Fußballspiels untunlich ist"*.[95] Davon kann jetzt im Hinblick auf die obigen Kriterien (Fair-Play-Gebot, Verhältnismäßigkeitsgrundsatz) abgesehen werden.

Die in Randnummer 0 entwickelten Kriterien sind m.E. taug- **39**
liche Mittel, um die richtige Sportgerichtsentscheidung zu treffen; sie sind insbesondere auch effiziente Wege zum Ziel. Sie stellen im Hinblick auf die Rechtsfindung der Sportrichter im Einzelfall geeignete Maßnahmen auf, um mit wahren Sachverhalten gerechte Entscheidungen im Sport zu erreichen.

95 *Hilpert*, Fußballstrafrecht, § 17 RuVO, Rn. 37, S. 202.

Damit ist gegenüber der oben dem Staat abgerungenen Stabilität der verbandsrechtlichen Entscheidungen ein

Rebreak

gelungen. Es sind also Maxime 4 ebenso zu verteidigen wie die Maximen 1 bis 3 (Seite 135, Rn. 26).

40 Bei der Abwägung des Pro und Contra der gefundenen Lösung ist eine Quantitätsbetrachtung zur Kontrolle der Auswirkungen anzustellen. Die danach zu korrigierenden Fälle im Amateurbereich sind minimal, da auf den Sportplätzen der unteren Klassen meist nicht viele Zuschauer anwesend sind, deren Wahrnehmungen oft für den eigenen Verein gefärbt sind, weshalb die Schiedsrichteraussage höchst selten widerlegt wird, zumal das Fernsehen fast nie präsent ist. Der einspruchswillige Verein wird dabei hinsichtlich des Nachweises der Offenkundigkeit des Fehlers seiner Beweislast meist nicht genügen können.

41 Auch in den Spitzenklassen des DFB, die stets von einer Armada von Fernsehkameras begleitet werden, haben sich in den überschaubaren Jahren seit 1975 ganz wenige, nämlich insgesamt vier Fälle ereignet, die nach obiger Formel

> *Offenkundigkeit, Unerträglichkeit, Folgenschwere in Verbindung mit der Verhältnismäßigkeit und dem Fair-Play-Prinzip*

mit dem Ergebnis der Korrektur der Tatsachenentscheidung von den DFB-Gerichtsinstanzen zu lösen gewesen wären, und zwar:

- der Einzigartigkeitsfall in Neunkirchen 1978,[96]
- das Phantom-Tor im Spiel Bayern München gegen 1. FC Nürnberg 1994,[97]
- der Feldverweis-Fall im Spiel VfB Leipzig gegen Chemnitzer FC 1995,[98]
- das „Vorteils-Tor“ im Spiel 1860 München gegen Karlsruher SC 1997.[99]

---

96 Siehe Seite 116, Rn. 57.
97 Siehe Seite 39, Rn. 1.
98 Siehe Seite 44, Rn. 3.
99 Siehe Seite 132, Rn. 20.

Kaum zu glauben ist, dass seit dem letzten Fall im DFB-Bereich 13 Jahre vergangen sind, in denen keine „Unerlässlichkeit der Entscheidungskorrektur“ festgestellt worden ist. Die Angst vor einer Flut von Korrekturen der Schiedsrichterentscheidungen ist also – entgegen obigem Zitat von *Franz Beckenbauer* im *FOCUS* vom 9. Mai 1999, der ein Chaos befürchtete, unbegründet.

Solche Kriterien zu prüfen, zu werten und gegebenenfalls in **42**
der Praxis anzuwenden, könnte die zukünftige Aufgabe des Bundesgerichts als höchste Gerichtsinstanz des DFB sein. Ihm obliegt aufgabengemäß auch die Rechtsfortentwicklung. Die entwickelten Merkmale *„offenkundig“*, *„unerträglich“* und *„folgenschwer“* sind praktikable Prüfungsmaßstäbe, die in der Hand weiser Revisionsrichter beim DFB verfeinert und verbessert werden können, um mit ihren Ergebnissen auch vor den strengen Augen der FIFA standzuhalten. Die vorgeschlagenen Abrundungs- und Absicherungsmerkmale wie *„nicht unverhältnismäßig“* und *„nicht unfair“* sind zusätzlich geeignet, richtige Ergebnisse mit Überzeugungskraft zu rechtfertigen. Vielleicht macht der CAS auch einen Schritt nach vorne bei den Schiedsrichterfehlentscheidungen.

Videant consules!

Anzusprechen ist die manchmal als Gegenargument gegen **43**
eine Neuansetzung eines Spieles vorgebrachte fehlende Praktikabilität. Bei der Leichtathletik-WM 2009 in Berlin war am vorletzten Tag bei einem Mittelstreckenlauf eine zu korrigierende Rangelei gegenüber einer Athletin begangen worden. Diese war deshalb nicht ins Ziel gekommen. Man konnte ihr aus Zeitgründen keine weiteren Qualifikationschancen gewähren – sie konnte deshalb im Endlauf nicht zusätzlich starten, weil sie dafür nicht qualifiziert war.

Noch eklatanter wäre, wenn wegen eines unterstellten Regel- **44**
verstoßes beim Feldverweis *Zidanes* beim WM-Finale 2006 das Endspiel an einem anderen Tag hätte wiederholt werden müssen. Die organisatorischen Probleme wären ungeheuerlich gewesen. Das Recht hätte sich aber gleichwohl durchsetzen müssen.

45 Wenn man mit den obigen Fällen nach vergleichbaren Vorkommnissen im internationalen Bereich Ausschau hält, ist bereits dargelegt, dass der Fall des Wembley-Tors schon mangels Offenkundigkeit des Torerfolges nicht zur Wiederholung geführt hätte.

46 Bei der „Hand Gottes" von *Maradona* anlässlich der WM 1986 in Mexiko ist fraglich, ob die Kausalität zu bejahen wäre, da Argentinien 4:2 gegen das Mutterland des Fußballs erfolgreich gewesen ist. Es lässt sich aber durchaus vertreten, eine Ergebnisbeeinflussung zu bejahen. Ob in diesem Fall die Protesteinlegung wegen der 24-Stunden-Frist erfolgt ist, kann nicht festgestellt werden.

47 Letzteres Erfordernis könnte auch beim Feldverweis von *Zidane* bei der WM 2006 relevant gewesen sein – man konnte nichts über eine fristwahrende Protesteinlegung der Franzosen lesen. Überdies wäre wahrscheinlich die Kausalität des Regelverstoßes zu verneinen gewesen, da die Schwächung der französischen Mannschaft „nur" zehn Minuten lang ohne Ergebnisveränderung bestand.

48 Ein Fall, in dem nach den als tauglich angesehenen Kriterien eine Spielwiederholung hätte erfolgen sollen, war das Tor eines Balljungen in der dritten brasilianischen Liga. Beim Spiel zwischen Santacruzense und Atlético Sorocabana hatte ein Weitschuss des Santacruzense-Stürmers *Samuel* in der 89. Spielminute das Tor knapp verfehlt. Ein neben dem Pfosten stehender Junge beförderte den Ball daraufhin ins Tor der Gäste. Trotz heftiger Proteste gab die Unparteiische *Silvia Regina de Oliveira* den Treffer. Dank des Tores erreichte Santacruzense ein Unentschieden (1:1) und verteidigte die Tabellenführung – vor Sorocabana. Der TV-Sender *Sporttv* entlarvte später mit seinen Bildern den Balljungen als Schützen des Ausgleichs. Trotz des regelwidrigen Treffers sah der Fußballverband des Bundeslandes Sao Paulo, in dem das Spiel stattfand, ungeachtet der Fernsehbilder keine Möglichkeit, die Partie zu annullieren und neu anzusetzen.

49 Als ob es auf Bestellung gewesen sei, ereignete sich kurz vor Fertigstellung dieses Manuskripts ein klassischer Fall, an dem

sich obige Formel hätte bewähren können. Vorweg ist klarzustellen, dass nicht ersichtlich ist, ob die Protestfrist von zwei Stunden nach Art. 14 Abs. 2 WM-Reglement durch den irischen Verband eingehalten worden ist – dies wird unterstellt –.

Der Testfall:

Am 18. November 2009 spielte die Nationalmannschaft von Irland im Stadion von Saint-Denis gegen Frankreich um die Qualifikation für die WM 2010 in Südafrika. Nach dem 0:1 im Vorspiel im Dublin hätte dazu ein 1:0 Auswärtssieg der Iren den Weg ins Elfmeterschießen bei entsprechendem Endergebnis nach Verlängerung geebnet. Nach einem Treffer ihres Kapitäns *Robbie Keane* (32.) war die Verlängerung erreicht. In dieser schlugen die Franzosen einen Freistoß in den irischen Strafraum (103. Spielminute). Der Kapitän der Équipe Tricolore *Thierry Henry* stoppte kurz vor der Torlinie den Ball mit der linken Hand, legte ihn sich noch einmal mit der Hand vor, passte ihn zurück auf Abwehrspieler *William Gallas*, der ihn ins irische Tor köpfte. Weil weder der schwedische Unparteiische *Martin Hansson* noch seine Assistenten das Handspiel *Henrys* erkannt hatten, nutzte den Iren ihre wütenden Proteste nichts. Frankreich hatte mit diesem Treffer in der Gesamtaddition sich für die WM qualifiziert.

Irlands italienischer Trainer *Giovanni Trapattoni* bedauerte die grobe Verletzung des Fair-Play-Prinzips und meinte, dass „die Zeit gekommen sei, grünes Licht für die Zeitlupenaufnahme bei solch krassen Fällen zu geben“. In nur 30 Sekunden könne man damit kolossale Ungerechtigkeiten vermeiden. Die Iren verwiesen auf die Videoaufnahmen in ihrem Nationalsport Rugby, die sich insoweit bewährt hätten. Sie forderten ein Wiederholungsspiel. Denn: *„Sollte das Ergebnis bleiben, verstärkt es die Sicht, dass man gewinnt, wenn man betrügt!“* Weltweit wurde die anachronistische Grundhaltung der FIFA und ihres Präsidenten *Blatter* angegriffen, da nach der Zurückweisung des irischen Protestes „wegen einer Tatsachenentscheidung des Schiedsrichters“ auch der Wunsch der Iren auf Zulassung als 33. Nation in Südafrika abgelehnt wurde.

In der Folgezeit wurde der dreimalige Weltfußballer *Thierry Henry* von der internationalen Presse zum Buhmann gemacht. Die angelsächsischen Medien gebrauchten das Schimpfwort *„Hand of Frog!"*

Auch in Frankreich beklagten Berufsethiker den indiskutablen Betrug im Sport. Die Sport-Philosophin *Isabelle Quéval* sorgt sich: *„Was bedeutet eine individuelle Ethik noch, wenn der kollektive Erfolg auf dem Spiel steht?"*

Die gelegentlichen Sehschwächen der Schiedsrichter verleiten immer wieder Spieler zu Manipulationen, was bezeichnenderweise sportgerecht übersetzt von *manu pellere* bedeutet, d.h., wie *Henry* den *Ball mit der Hand treiben*. Hier bietet sich die Parallele der Torerzielung von *Maradona* bei der WM 1986 an („die Hand Gottes").

50 Vorstehender Fall und das Handspiel *Henrys* gehören sicher zu den schwersten Fehlentscheidungen in der Geschichte des Fußballs. Die FIFA blieb erwartungsgemäß hart in ihrer Grundhaltung: *„Tatsachenentscheidungen sind endgültig."* Vielleicht wäre die Zeit gekommen, zumindest eine mündliche Verhandlung über den Protest anzuberaumen, um die Problematik der Tatsachenentscheidung vor der Weltöffentlichkeit in ihrer vollen Auswirkung darzulegen, um dann nach Abwägen des Pro und Contra für eine Spielwiederholung die zu treffende Sportgerichtsentscheidung zu verkünden.

51 Die Frage des Lesers ist: *Ist auf der Grundlage der obigen Formel eine Spielwiederholung anzuordnen?* Ich nehme in Gedanken einen Sitz in der FIFA-Disziplinarkommission ein. Dort würde ich in der Beratung für zwei Resolutionen streiten:

1. Auf den Protest von Irland ist das Relegationsspiel Frankreich gegen Irland neu anzusetzen: Die falsche Torentscheidung trotz vorangegangenen Handspiels im Strafraum war offenkundig, unerträglich und insbesondere auch folgenschwer (Ausschluss von der WM). Das Fair-Play-Prinzip und der Urmeter des staatlichen Rechts, das Verhältnismäßigkeitsprinzip, fordern als angemessene Reaktion des Sportgerichts in Form der Negation des Tores die Anberaumung eines

Wiederholungsspiels, also eine schwerwiegende Entscheidung in der justizberuhigten Zone der FIFA (*Udo Steiner*).

Die meisten Schwierigkeiten bereitet mir dabei die Kausalität des Treffers für das Ausscheiden der Iren: *Hätten die Franzosen nicht in den verbleibenden 17 Minuten der Verlängerung einen Treffer erzielen können? Hätten die Iren das Elfmeterschießen gewonnen?*

2. Als fiktives Mitglied der Disziplinarkommission hätte ich außerdem für eine Sperre von *Thierry Henry* wegen grob unsportlichen Verhaltens für **vier Pflichtspiele** plädiert. Die drei Spiele der Vorrunde der WM und das erste Pflichtspiel der Zwischenrunde hätte *Henry* dann aussetzen müssen. Eine Sanktion für Betrug im Spiel, die Genugtuung für die Millionen Fußballanhänger in der Welt ausgelöst hätte und dem unsportlich erwirkten Vorteil einen Nachteil mit spürbarer Beeinträchtigung entgegengesetzt. *Henry* auf der Tribüne in Südafrika wäre ein Symbol des Fair Play gewesen und hätte sicherlich spezial- und generalpräventive Wirkung ausgeübt und ein Signal im Weltfußball gesetzt. Das strafbare Verhalten *Henrys* war darin zu sehen, dass er in Kenntnis seines doppelten Handspiels vor dem Tor dem Schiedsrichter, der seiner Mannschaft ein unberechtigtes Tor gegeben hatte, seine sportwidrige Tat nicht gemeldet hat. Diese Pflicht zur Offenbarung erwuchs aus dem Fair-Play-Prinzip und aus vorangegangenem verbotenem Verhalten. Der Einwand, dass in den meisten staatlichen Rechtsordnungen der Welt ein Täter sich nicht selbst zu belasten brauche, zieht nicht. Dieser Selbstbegünstigungsgedanke wird im Sport von dem Fair-Play-Prinzip verdrängt. Das ist edel, hilfreich und gut. Es entspricht der Sondermoral des Sports. Ein schlechtes Gefühl wird mal allseits haben, wenn der Weltstar *Thierry Henry* von Anfang an bei der WM 2010 für sein Heimatland auflaufen wird.

Die Kombination zwischen Spielwiederholung und Strafe für den Sünder wäre die geeignete Maßnahme der Reaktion der FIFA gewesen. Andererseits hätte *Henry* sicherlich den Weltfairnesspreis des Sports verdient gehabt, wenn er …

Die FIFA-Disziplinarkommission hat durch Beschluss vom 18. Januar 2010 eine Bestrafung *Henrys* mangels Rechtsgrundlage abgelehnt.

Kapitel 7: Schlussbetrachtung mit Perspektive für die Zukunft

52 Die Theorie über die Endgültigkeit der Tatsachenentscheidung, deren führender Vertreter die FIFA war und ist, hatte zugegebenermaßen jahrzehntelang ihre Berechtigung. Sie ist wohl auch heute noch die herrschende Meinung.

53 Hinsichtlich der dafür aufgeführten Gründe hat sich aber in letzter Zeit ein grundlegender Wandel vollzogen: Früher konnte man über mehrere Instanzen und gegebenenfalls über mehrere Monate verbandgerichtlich – eventuell sogar mit Fortsetzung bei den Staatsgerichten – trefflich streiten, weil die Beweislage, ob ein Tatsachenfehler des Schiedsrichters vorlag oder nicht, wackelig und unsicher war. Insoweit hat sich in jüngster Zeit aber ein grundlegender Wandel vollzogen. Die Armada der Kameras in den Bundesliga-Stadien bringt ein Bild von jeder Szene, aus jeder Ecke und aus nah und fern. Hinzu kommt die Verlangsamung der Aufnahmen, sodass fast immer über die Kernfrage in einem Spielwertungsverfahren ausreichendes Material vorliegt, das ergibt, ob ein Fehler des Schiedsrichters erfolgt ist oder nicht. Wegen dieser Offensichtlichkeit der Beweisführung braucht darüber nicht über mehrere Instanzen ernsthaft gestritten zu werden. Hinzu kommt das dem Verbandsgerichtsverfahren nachgeschaltete „schnelle" Schiedsgericht, das bald Rechtskraft schafft. Das gefürchtete Damoklesschwert konnte früher über die laufende Spielrunde hinweg monatelang schweben – öfters bis in die neue Saison – mit etwaiger Meisterkürung in dieser für die zurückliegende Saison. Eine unendliche Verfahrenshäufung ist im Falle des FC Sion hinsichtlich einer Lizenzverweigerung in der Schweiz erfolgt, die über **zehn** verschiedene Rechtszüge hinweg am 29. Oktober 2003 mit dreieinhalbmonatiger Verspätung zu einer Teilnahme des FC Sion als 19. zusätzliche Mannschaft in der

Challenge League führte.[100] Daraus könnten die Befürworter einer endgültigen Schiedsrichterentscheidung auf dem Spielfeld starke Argumente ableiten. Das Verfahren Sion war sicherlich sportpolitisch wie auch juristisch unmöglich.[101]

Ein solches Horrorbeispiel gehört heute der Vergangenheit an. **54**
Wegen des beweisrechtlich durch ein Video gesicherten Tatbildes ist das Spielwertungsverfahren verbandsrechtlich im Hinblick auf die Schnelligkeit und die Richtigkeit der zwischenzeitlich installierten Sportschiedsgerichte maximal nach vier bis sechs Wochen endgültig abgeschlossen.

Das Argument der Langwierigkeit des Verfahrens mit der da- **55**
durch bedingten Unsicherheit der Tabelle und der vorhergehenden Spielentscheidung ist somit überholt.

Gleiches gilt für das u.a. von FIFA-Präsident *Joseph S. Blatter* an- **56**
geführte „Beliebtheitselement" des Fußballs: Der Streit um die Berechtigung des umstrittenen Tors werde am Wochenende an den Stammtischen, zu Wochenbeginn an den Arbeitsplätzen vehement weitergeführt. Ein solcher Widerhall fern von der eigentlichen Sportstätte ist kein stichhaltiger Grund. Eine Diskussion an gleichen Stätten über die Aufhebung des Schiedsrichterfehlers oder nicht ist aufregender und aufrichtiger: Sie hält zudem über den Wochenbeginn hinaus an.

Der weiter vorgebrachte Gesichtspunkt der Untergrabung der **57**
Autorität des Schiedsrichters ist auch nicht überzeugend. Zum einen gewinnt ein Referee seine Autorität durch sein Auftreten und sein Handeln auf dem Spielfeld. Er kann überdies besser mit einer „korrigierten" Fehlentscheidung, die ihm ausnahmsweise unterlaufen ist, als mit der Beibehaltung des sportlichen Unrechts leben.

Auch das Argument, dass der Fußball seine weltweite Beliebt- **58**
heit auf der Basis der Endgültigkeit der Schiedsrichterentscheidung erlangt habe, die bei Aufhebung dieses fußballerischen Kernstücks zu schwinden drohe, ist nicht schlüssig. Die Aufhebungsfälle sind nach obiger Quantitätsbetrachtung eine

---

100 Umfassender Bericht bei *Roth/Walther*, aaO., S. 195ff., S. 130ff.
101 *Hilpert*, Sportrecht, VI Rn. 13, S. 286.

kleine Insel im großen Ozean der Schiedsrichterentscheidungen. Wenn sie sich – wie die Erfahrungen der letzen 40 Jahre zeigen – als „Jahrzehntfälle" erweisen, in denen die Ziele *„Wahrheit und sportliche Gerechtigkeit"* höchst ausnahmsweise sich durchsetzen und eine Spielwiederholung herbeiführen, besteht keinerlei Grund zur Besorgnis in diese Richtung.

59 Vielleicht war der Fall *Henry* der letzte seiner Art. Die weltweite Empörung ist sicherlich auch dem IFAB und dem FIFA-Präsidenten *Joseph S. Blatter* zu Ohren gekommen. Der rechtsfreie Raum im Fußball sollte zukünftig ein Stück geöffnet werden.

60 Literaturgestützt und obergerichtlich abgesichert[102] sind vorstehend vier Maximen aufgestellt worden, die einen Weg zur Überprüfung einer falschen Tatsachenentscheidung des Schiedsrichters öffnen können. Diese ist justiziabel, wenn

- die Unrichtigkeit offenkundig ist,
- die Beibehaltung des Fehlers unerträglich ist,
- die Auswirkungen folgenschwer sind,
- jedes andere Ergebnis unfair und unverhältnismäßig wäre.

61 Diese Kriterien könnten auch Gegenstand der Ergänzung der Fußballregeln sein. Zur Umsetzung der dargestellten Überlegungen wäre schlicht erforderlich:

Fußball-Regel 5 Entscheidung 1 erhält einen zweiten Absatz mit etwa folgendem Inhalt:

> *„Von der Endgültigkeit der Tatsachenentscheidung kann ausnahmsweise abgewichen werden, wenn die Unrichtigkeit der Entscheidung des Schiedsrichters offenkundig, unerträglich und die Beibehaltung derselben folgenschwer ist, wobei auch das Fair-Play-Prinzip die Korrektur des Fehlers dringend gebietet."*

Im deutschen Rechtskreis brauchte man wegen der Bindung an die Weltfußballregeln nichts zu ändern. In der Praxis könnte man als zusätzliche Leitschnur für die Verbandsgerichte

---

102 OLG Saarbrücken, Urteil vom 30. 11. 1982 (2 U 113/81), SportR 16/32/3.

nach dem obersten Grundsatz für eine gerechte Entscheidung das *Verhältnismäßigkeitsprinzip* heranziehen.

Anlässlich des Redaktionsschlusses dieser Monographie zur **62**
Zeit der Jahreswende 2009/2010 gilt der Blick voraus auf die erste Weltmeisterschaft auf dem afrikanischen Kontinent im Juni/Juli 2010. Ein Fußballautor kann diesem Ereignis selbstverständlich nur einen guten und sportlichen Verlauf wünschen – insbesondere auch keine Schiedsrichterstreitfälle.

Wenn 24 Jahre nach dem letzten auf krass sportwidrige Weise erzielten Tor („die Hand Gottes" bei der WM 1986 in Mexiko durch *Diego Maradona*) eine ähnliche sportliche Untat erfolgen sollte, besteht vielleicht die Gelegenheit für die WM-Gerichtsinstanz und die dort tätige Ad-hoc-Kammer des CAS, eine Korrektur der sportlichen Sünde vorzunehmen, wobei die vorstehend entwickelten Gedanken von Rechtsprechung und Literatur vielleicht die Feuerprobe der Bewährung bestehen könnten.

Stichwortregister

Veröffentlichungen des Verfassers zum Sportrecht

- ***Organisation und Tätigkeit von Verbandsgerichten,***
  Bayerische Verwaltungsblätter 1988, S. 161 ff. und S. 198 ff.
- ***Notwendigkeit einer Anklageeinstanz,***
  Schriftenreihe Württembergischer Fußballverband, Heft 38, S. 43–49; ferner SpuRt 1996, S. 50 ff.
- ***Sport und Arbeitsrecht,***
  Recht der Arbeit 1997, S. 92 ff.
- ***Tatsachenentscheidung und Fernsehbeweis in Sportgerichtsverfahren,***
  Schriftenreihe Württembergischer Fußballverband, Heft 38, S. 25 ff.
- ***Tatsachenentscheidung und Regelverstoß im Fußball – Neuere Entwicklungen und Tendenzen,***
  SpuRt 1999, S. 49 ff.
- ***Sportrecht und Sportrechtsprechung im In- und Ausland***
  Verlag de Gruyter, 2007
- ***Eilrechtsschutz im Sport***
  SpuRt 2007, 223 ff. und 2208, 18 ff.
- ***Das Fußballstrafrecht des Deutschen Fußball-Bundes (DFB)***
  Verlag de Gruyter, 2009
- ***Vertragsbruch kann teuer werden***
  Bundesliga-Magazin 2009, Heft 2
- ***Ungeschriebenes Verfahrensrecht der deutschen Sportverbände, insbesondere des DFB***
  SpuRt 4/2009, S. 147 ff.

www.ingramcontent.com/pod-product-compliance
Lightning Source LLC
LaVergne TN
LVHW092114300926
849161LV00002B/134